新时期田径运动教学理论与实践探索

房施龙　王安治　著

中国纺织出版社有限公司

内容提要

田径运动是一项集力量与速度于一体的高强度运动项目，其运动项目之多，看点颇多，一直是奥运会及各大世界高级别比赛中一个重要的项目大类，具有高度的观赏性。田径项目涉及了人体力量、速度、耐力、柔韧、灵敏和协调等多种基础性综合运动能力，对于田径运动员来说，如何正确有效地掌握这些专项技术、战术，承担大负荷的训练，参与高水平的激烈比赛，具有极为重要的意义。

本书即针对田径运动训练的理论体系与实践进行一定的探究。

图书在版编目（CIP）数据

新时期田径运动教学理论与实践探索 / 房施龙, 王安治著. -- 北京：中国纺织出版社有限公司, 2021.12
ISBN 978-7-5180-9298-7

Ⅰ.①新… Ⅱ.①房…②王… Ⅲ.①田径运动—教学研究 Ⅳ.①G820.2

中国版本图书馆CIP数据核字（2022）第004836号

责任编辑：段子君　　责任校对：高　涵　　责任印制：储志伟

中国纺织出版社有限公司出版发行
地址：北京市朝阳区百子湾东里A407号楼　邮政编码：100124
销售电话：010—67004422　传真：010—87155801
http://www.c-textilep.com
中国纺织出版社天猫旗舰店
官方微博 http://weibo.com/2119887771
三河市延风印装有限公司印刷　各地新华书店经销
2022年2月第1版第1次印刷
开本：710×1000　1/16　印张：11
字数：147千字　定价：88.00元

凡购本书，如有缺页、倒页、脱页，由本社图书营销中心调换

作者简介

房施龙，男，1981年01月出生，汉族，副教授，研究生学历，硕士学位，毕业于西安体育学院体育教育训练学专业，宁夏师范学院田径、定向运动队主教练，田径国家级裁判员，高级体验式拓展培训师，田径、定向运动高级教练员，全国优秀裁判员，全国优秀教练员，宁夏田协副会长兼常务理事，宁夏定向联合会副会长兼常务理事。

主持完成国家社会科基金科研项目1项，宁夏高校科研项目4项目，宁夏十二五规划课题项目1项，西部一流项目1项，校级项目10项，发表论文30余篇，出版田径教材1部。执裁组织全国、省级田径、定向比赛裁判20余场。所带田径队历年都在高校的前两名，定向队蝉联宁夏高校专业组7连冠。

王安治，男，汉族，1969.10，宁夏隆德人，中共党员，三级教授，现任宁夏师范学院体育学院院长、宁夏师范学院学术委员会委员、体育学院学术委员会主任；

长期从事体育科学研究及教育教学管理工作，公开发表学术及管理方面论文20余篇，参与完成自治区级科研项目1项，主持院级科研项目3项，主持和参与完成省部级科研项目3项，获得学院优秀教学成果一等奖一次，省级优秀教学成果二等奖和教育厅优秀论文一等奖，三等奖各一次。

前言

田径运动是基于人类步行、跑步、跳跃和射击等行为的最基础的运动,因此被称为"体育之母"。由于这些运动属性,田径成为体育赛事中的"金牌运动"和群众运动中最常见的锻炼项目。时至今日,各国都在探索培养科目的原则和方法,这些努力将田径运动的发展推向了更高的水平。

田径运动是一项强度和速度相结合的高强度体育赛事,它是奥运会和全球重大赛事中的一项重要竞技运动。田径运动对提高现代人的身心健康、提高运动能力具有重要作用。坚持田径锻炼可以有效促进积极健康的生活方式,优化某些类型的运动能力,如力量、速度、耐力、柔韧性和灵敏度,可以产生交互和协同效应,对其他类型的运动发展很重要。同时田径水平也是衡量一个国家体育水平的重要标准。然而,它主要依赖于科学有效的田径训练。这对于运动知识有限的专业田径运动员和健身人士都很重要。

全书共分为六章。第一章是对田径运动的整体概述,主要包括田径运动的起源与发展、分类与内容、特点与价值等内容。第二章是田径运动的理论基础,对田径运动的生理学基础、心理学基础及田径运动与人体发展进行了论述。第三章是田径运动的训练理论,包括田径运动训练的发展趋势、理论与方法、训练设计等内容。第四章是田径运动的项目训练实践,对田径运动走、跑项目、跳跃项目、投掷项目等的训练进行了简要论述。第五章是田径运动体能训练实践，包括力量训练、速度训练、耐力训练、柔韧性训练、灵敏训练及运动协调能力训练等内容。第六章是田径运动训练理论发展与文化传承，对田径运动训练新理念以及田径运动项目文化新发展做出了一定的阐释。

从整体上看，本书内容丰富详实，逻辑有序严谨，不仅在内容选择上科学合理，而且在内容编排上做到错落有致、循序渐进。另外，本书通俗易懂，使读者理解起来更为方便。

本书在撰写过程中，借鉴和参考了相关学者的一些理论和数据，在此向他们的辛勤劳动表示感谢。另外，由于撰写时间紧迫，书中难免会出现一些错误，恳请广大读者朋友批评指正。

著　者

2021年7月

目 录

第一章　田径运动概述 ··· 1
　　第一节　田径运动的起源与发展 ······································ 2
　　第二节　田径运动的分类与内容 ······································ 10
　　第三节　田径运动的特点与价值 ······································ 14

第二章　田径运动的理论基础 ·· 23
　　第一节　田径运动的生理学基础 ······································ 24
　　第二节　田径运动的心理学基础 ······································ 37
　　第三节　田径运动与人体发展 ··· 43

第三章　田径运动的训练理论 ·· 53
　　第一节　田径运动训练的发展趋势 ···································· 54
　　第二节　田径运动训练的理论与方法 ································· 57
　　第三节　田径运动训练设计 ·· 73

第四章　田径运动的项目训练实践 ···································· 85
　　第一节　田径运动走、跑项目训练 ···································· 86
　　第二节　田径运动跳跃项目训练 ······································ 98
　　第三节　田径运动投掷项目训练 ······································ 110

第五章　田径运动体能训练实践 ······································· 119
　　第一节　力量训练 ··· 120
　　第二节　速度训练 ··· 132
　　第三节　耐力训练 ··· 136

第四节 柔韧性训练 ………………………………………… 141
第五节 灵敏训练 …………………………………………… 146
第六节 运动协调能力训练 ………………………………… 149

第六章 田径运动训练理论发展与文化传承 …………… 155
第一节 田径运动训练新理念 ……………………………… 156
第二节 田径运动项目文化新发展 ………………………… 160

参考文献 …………………………………………………… 163

第一章
田径运动概述

田径被认为是"运动之母",是一项重要的基础运动。了解田径运动的基本原理,对于理解田径运动和田径训练的科学考核是非常重要的。本章主要介绍田径运动的基本知识,旨在为运动员提供理论建议,全面系统地认识和理解田径运动,促进田径运动的科学发展。

第一节　田径运动的起源与发展

一、田径运动的起源

田径运动是在人类长期生产生活中产生和发展起来的,目的是生存下去,获得更好的生活方式。人总是要与大自然作斗争,因此,走、跑、跳、跨越障碍、扔石头、长矛等动作在日常生活中屡见不鲜。因为这些动作在生存和生活中一遍又一遍地重复,动作随着时间的推移而演变。长此以往,便形成了跑步,跳跃和投掷技能。古人还进行步行、跑步、跳跃、投掷等娱乐和竞技活动,使生活充满乐趣。

（一）田径跑动项目的起源

短跑项目：据史料记载,短跑项目在公元前776年的第1届古代奥运会上已经出现。

现代长跑：早在18世纪初期,英国就已经开始有职业赛跑选手参加的长跑比赛了。

跨栏跑运动：跨栏跑项目的起源地也是英国。1864年,在首届牛津剑桥两所学校举行的对抗赛上,首次出现跨栏跑项目比赛。

马拉松运动：马拉松是为了纪念雅典勇士菲迪·皮茨而举办的。相传雅典战士菲利皮茨逃离马拉松前往雅典,为战争的胜利带来了喜讯。为纪念这位勇敢的战士,1896年第一届现代奥林匹克运动会举办了从马拉松城到雅典的比赛。

（二）田径跳跃项目的起源

跳远运动：在公元前8世纪，古希腊奥运会有跳远比赛。现代跳远大约发生在19世纪中叶，在1896年雅典第一届现代奥运会上，跳远是一项正式赛事。

三级跳远运动：早在公元前200年，凯尔特运动会就有类似三级跳远的比赛，这也是为什么一些学者认为爱尔兰和苏格兰是现代三级跳远的发源地。19世纪中叶以后，三级跳远技术得到进一步发展，逐渐建立了许多大型流派。

跳高运动：作为田径比赛项目的重要组成部分，跳高运动起源于爱尔兰和苏格兰。发展至1800年，跳高已是苏格兰高地运动会的比赛项目之一。

撑杆跳高运动：据传说，撑杆跳高是用来帮助人们穿越战壕、溪流和墙壁的撑杆跳跃发展而来的。撑竿跳高是当时人们的最爱，尤其是年轻人，他们经常参加爱尔兰的田径运动会，人数高达554人，撑杆跳高一直是一项传统运动。撑杆跳高运动从爱尔兰传播到苏格兰和英格兰，并于1866年举行了第一次撑竿跳高比赛。这使得撑杆跳高成为一项正式运动。

（三）田径投掷项目的起源

掷铁饼运动：掷铁饼是一项古老的运动项目。在古代奥运会中，五项中的"投掷"也就是投掷铁饼。那时使用的石板是用石头制成的，后来在公元前708年逐渐发展成金属板。五项全能出现由铁饼、跳跃、跑步、标枪投掷和摔跤组成。

推铅球运动：开始于军队，由投掷炮弹逐渐演变而来。现代铅球的重量为16磅，即7.26公斤，此重量从铅球起源开始就一直沿用至今。

掷链球运动：掷链球项目起源于爱尔兰和苏格兰。19世纪中叶，掷链球项目出现在几所英国大学。1890年左右，掷链球项目开始在美国流行起来。

二、田径运动的发展

（一）世界田径运动的发展

田径运动自诞生之日起就深受群众喜爱，公元前776年，古代第1届奥运会在希腊奥林匹亚村举行，此后每4年举行一次。第1届古奥运会的竞技活动主要是跑、跳、射等活动。奥运会最初只有短跑比赛，后来随着这项运动的发展，逐渐增加了长跑、跳远、铁饼和标枪。19世纪初，英国出现了专业的田径比赛。19世纪中叶，英美两国不断举办田径运动。1896年，在法国社会活动家顾拜旦的倡议下，第1届现代奥运会恢复了，并且举办了田径项目，这标志着全球田径运动发展的正式开始。

1. 田径运动的形成和发展阶段

阶段划分：19世纪末至20世纪初是世界田径运动发展的第一阶段。

田径运动出现和发展之初，竞技水平还比较低。在此期间，改进了田径运动中的跑、跳、投技术的研究，还有一些改进技术的建议。这一时期的第1～第5届奥运会田径项目分别为12、16、16、18和21个，美国和英国的田径项目起步较早。随着田径运动在各国的普及和快速发展，各国运动员的田径成绩有了很大提高，芬兰短跑运动员和投掷运动员表现出色，获得了3枚金牌。瑞士赢得了第一个十项全能，并获得了全部3枚金牌。如今美国的田径成绩有所提高，非常令人质疑美国是否完全垄断了田径运动，这也充分体现了世界田径运动的更好发展。

1912年7月17日，"国际业余田径联合会"在斯德哥尔摩诞生，有来自17个国家的代表参加。本次会议不仅制定了国际田径和奥林匹克田径项目的相关规则和组织机构，也得到了世界各国和地区的认可，是国际化管理和组织的开端。

2. 田径运动的缓慢发展阶段

阶段划分：1913—1920年是现代田径运动发展的第二阶段。

在田径运动的缓慢发展中，主要的影响因素是战争。第一次世界大战的爆发对世界体育的发展产生了影响。第六届奥运会也受到了影响，并且无法按计划组织。

第一次世界大战后在第7届奥运会上，美国获得了7枚金牌，运动实力有所下降。芬兰已经6次夺得金牌，并且在田径和田径方面的耐力有了显著提高。英格兰在1920年第七届奥运会上获得3枚金牌，田径成绩低于5年前，芬兰的长跑和长跑项目成为全球竞争的强项。

3. 田径运动的复苏与提高阶段

阶段划分：1921—1936年是田径运动发展的第三阶段。

从20世纪20年代到20世纪30年代中期，世界田径运动恢复了发展和提高的阶段。由于田径运动是在第一次世界大战之后发展起来的，于是，田径运动逐渐走出了一战时期的衰退境遇。

以田径运动为例，世界田径运动的发展主要表现在以下几个方面。

参加奥运会的国家和运动员逐渐增多，竞技体育水平不断提高。之后在第8到第10届奥运会期间，田径运动水平回到一战前的状态。至此，日本运动员在奥运会上逐渐展现出更高的竞技水平，在三级跳远中夺得"三冠王"。在第9、10、11届奥运会上，日本运动员还获得了马拉松金牌。

女子田径运动发展迅速。1922年，第一届女子田径比赛在巴黎举行。女子田径协会成立于1924年，1928年在阿姆斯特丹举行的第9届奥运会上，荷兰首次以田径项目的形式举办了五项女子赛事。从那时起，女运动员的数量稳步增加，运动表现也不断提高。

运动器材发展迅速，1926年，第一台终点线高速成像机出现在荷兰，消除了判断和计时方面的人为因素。在1928年第9届奥运会上，田径裁判使用了这种设备。1930年，电子计时的结果被公认为世界纪录。1932年，洛杉矶举办了这项活动。第10届奥运会配备1/100秒秒表和最新的成像技术。自1977年以来，只有400米和400米以下的全自动电子计时码表可用。

在组织比赛方面，田径比赛更加公平公正。1928年，国际田联首次在阿姆斯特丹议会通过了兴奋剂控制规则，并将其纳入国际田联手册，促进体育科学进步。

4. 田径运动的发展跌入低谷阶段

阶段划分：1937—1948年是田径运动发展的第四阶段。

战争对人类社会的影响是巨大而痛苦的。由于在世界田径发展的这个阶段爆发了第二次世界大战，第12届和第13届奥运会因此无法举办，也受到战争的影响。世界田径运动再次进入弱势发展阶段：1948年第14届奥运会举行，田径成绩低于1936年第11届美国、瑞士奥运会。幸运的是，尽管在全球环境的影响下，田径运动的发展正在缓慢推进。但是田径运动在如此困难的环境中取得了成功，例如在许多国家的田径训练中，杠铃被广泛用于发展肌肉力量。此外，世界许多国家的田径运动也在不断发展和完善。第二次世界大战期间，包括苏联和东欧在内的许多国家都受到了战争的严重破坏，采取各种措施促进田径运动的广泛应用，从而有助于进一步提高国家田径运动水平。

5. 田径运动的创新发展阶段

阶段划分：1952年至今。

"二战"后，田径运动迅速恢复，并在很高的水平上继续提高到一个非常高的水平。从时间上看，现阶段世界田径运动的发展是这样的。

1952年，苏联首次参加第15届奥运会，欧洲其他国家的运动员也纷纷参加了奥运会。在本届奥运会上，田径和体育场馆的比赛竞争异常激烈，并且在田径项目和田径表现上相比上一代有了很大的提升。在此期间，田径运动得到了进一步发展。各国运动员水平明显提高。例如，捷克斯洛伐克运动员E. 扎托皮克，又名"人类火车头"，在第15届奥运会上创造了5000米和10000米以上的世界纪录，并获得了5000米、10000米和马拉松比赛的冠军；巴西的达席利瓦获得3届奥运会跳远金牌得主，他6次尝试，4次打破世界纪录。

20世纪60年代，田径运动的发展在此期间美国已不再主宰田径世界，在世界各大田径赛事中，苏联运动员的田径水平有了很大提高，成为美国运动员的宿敌。1960年，第17届奥运会举办，苏联获得11枚田径金牌，美国获得12枚田径金牌。来自非洲高地的埃塞俄比亚运动员阿贝贝赢得了马拉松比赛。一些生理学家认为，阿贝贝迅速而戏剧性地恢复的原因是由于高原训练。从那时起，一些生理学家和培训师也开始欣赏高原训练。除了改进训练方法外，这一时期田径运动的发展还表现在以下几个方面。一是

第一章　田径运动概述

在装备方面。1968年，出现了合成塑料片。这种被称为"全天候"的新型跑步机不仅解决了雨天田径比赛的难题，而且有效地提高了一些活动的技术和效率，其特点和应用对促进田径运动的发展起到了积极的推动作用。二是促进体育科技进步。标志性的美国运动员奥杰尔被认为是奥运会历史上的"田径长寿冠军"。他在很长一段时间内保持世界冠军的高调表现，这已成为研究运动员年龄和田径运动员寿命的关键课题。

1972年慕尼黑举办了第20届奥运会。与上届奥运会相比，本次赛事的运动表现更胜一筹。这也充分证明了高原训练是提高田径运动员技能和能力的有效途径。1976年在蒙特利尔举行的第21届奥运会上，东德展示了辉煌的成绩，获得了奥运会田径项目金牌数最多的11枚金牌。美国只赢得了6枚金牌，田径优势逐渐丧失。

第22、23和24届奥运会是20世纪80年代田径运动发展的典范。在此期间，田径运动迅速发展。1980年莫斯科在这届奥运会上举办了第22届奥运会，一些国家没有参加是为了反制苏联对阿富汗内政的干预。与此同时，一些知名运动员也拒绝参赛。这在一定程度上影响了田径比赛表现，但是，来自欧洲国家的最杰出的球员都参加了田径比赛。在本届赛事中，38场比赛中仍有25场成功举办。1984年第23届奥运会在洛杉矶举行，美国短跑选手卡尔·刘易斯被称为"现代世界田径的欧文斯"，在本届奥运会田径比赛中获得100米、200米、跳远和4×100米接力4枚金牌。1988年第24届奥运会田径项目在首尔举行，田径成绩有了很大的提高。

1991年，世界田径锦标赛在东京举行。相较于奥运会的规模，国际田联决定自1991年起每两年举办一次世界田径锦标赛。1992年举办的第25届奥运会的竞争非常激烈，总的来说，本届奥运会的整体表现低于往届。造成这种情况的原因有很多，其中最重要的是苏联的解体。这涉及团结和爱国主义、德国社会混乱、社会问题层出不穷等。1993年8月，第4届世界田径锦标赛在斯图加特举行。德国在本届锦标赛中共有44个项目。在43个可比较的结果中，26名男女在第3届世界田径锦标赛上的表现更好，24名高于1992年第25届奥运会。第26届比赛在亚特兰大举行。在本届奥运会上，美国田径比赛名列前茅，其次是俄罗斯和德国。

—7—

进入21世纪以来，世界田径运动发生了翻天覆地的变化。2000年，悉尼举办了第27届奥运会，欧洲运动员的整体水平较高，并逐渐稳定提高。2004年雅典举办了第28届奥运会，来自209个国家的2000多名运动员参加了比赛。大多数奥运会的性质体现在两个方面：一方面奖牌数量相对分散，另一方面竞争激烈，成绩较好。2008年奥运会在中国北京举行，创造了多项田径世界纪录，这对田径运动的发展产生了积极的影响。2012年，第30届奥运会在伦敦举行，这届奥运会共产生47枚田径金牌。

（二）我国田径运动的发展

1. 田径运动的引进和初步开展阶段

阶段划分：1910—1948年，田径运动的引进和初步开展阶段，中国田径运动的第一个发展阶段。

"引进、发展、停滞"是这一阶段中国体育和田径发展的主要特征。那段时间，我国举办了7届全运会，第1届是1910年，第2届是1914年，这两届全运会从制定规章制度到聘任法官和官员，都教给外国人。它是由英制单位编制和使用的一个系统。1924年，中国人自己举办了第3届全国田径锦标赛，该赛事有第19个项目，以公制单位进行距离测量。这是中国田径运动的开端。第4、5届全运会以省、专市、特区和侨团为单位举办，女子组刘长春在第5届全运会上以10.7秒的成绩创造了100米以上的全国纪录。我国参加了第11届和第14届奥运会，可以看到，和当时的世界水平相比，当时我国的田径水平还是比较低的。尤其是田径器材、技能、田径、田径教材等场所和设备需要进化和完善，科研论文和仪器需要进一步完善。

2. 田径运动的迅速普及和提高阶段

阶段划分：1949—1965年，田径运动的迅速普及和提高阶段，中国田径运动的第二个发展阶段。

中华人民共和国成立后，我国体育运动迅速普及和提高。为了促进体育事业的发展，提高体育水平，国家和省市、自治区采取了多种措施。自1952年以来，我国每年都举办大型田径赛事，以促进运动员的发展，培养优秀的运动员。1959年，在第1届全国田径锦标赛上，中国运动员的成绩有

第一章 田径运动概述

了很大提高。在一些学者的努力下，我国还引进了美国、苏联和日本的田径论文和杂志。我们有关于田径运动的论文和文章，以及有关田径运动发展的文章都在一定的理论支持下促进了我国田径运动的发展。

3. 田径运动的发展严重受挫阶段

阶段划分：1966—1976年，田径运动发展严重受挫阶段，中国田径运动的第三个发展阶段。

受历史因素影响，我国体育运动在这一时期走下坡路，成为历史上不发达的时期。田径运动也遭受了灾难，运动水平急剧下降。在此期间，许多才华横溢的顶级运动员已经去世。男子跳高运动员倪志勤以2.29米的成绩创造了世界纪录。除了缺乏出色的表现外，田径老师和教练也饱受诟病。我国田径队也被解散，运动员和裁判的等级制度被废除，部分教材被毁，田径运动的发展停滞不前，在此期间，田径运动水平整体下降，也给未来的田径发展造成不可挽回的损失。我国的田径水平与世界之间的差距正在扩大。

4. 田径运动的迅速恢复发展阶段

阶段划分：1977—1993年，田径运动的恢复发展阶段，中国田径运动的第四个发展阶段。

在总结经验和历史教训后，我国在经济、文化、体育等领域逐步恢复生产和社会发展。我国田径运动的发展已经恢复。经过努力，田径运动也开始从亚洲和世界迈进。具体如下：1977年后，社会各方面逐渐正规化，运动员们开始重返工作岗位，努力锻炼促进和提高了我国田径运动的发展水平。1979年第4届全国田径锦标赛打破了18项全国纪录，1975年38项中有34项在3级以上。我国改革开放后，运动员有更多的机会参加国际比赛，运动成绩也有所提高。1983年4月，第5届全国田径田径锦标赛打破了此前纪录的近一半。在第5届全运会上，朱建华以2.38米的高度打破了男子跳高世界纪录。中国田径联合会也成为国际田联的第一个成员。

从那时起，中国运动员各个级别的成绩相比过去有了飞速的提高。1987年的第6届全国田径锦标赛，与上届比赛相比，成绩相对较好。1988年第24届奥运会田径项目，中国推杆选手李梅素以21.06米的高度获得铜牌。

1990年，北京举办了第10届亚运会，中国运动员共获得29枚金牌。我国田径成绩在亚洲处于优势地位。尤其是在女子田径项目中，在1991年的第三次步行和长跑比赛中取得了非常不错的成绩。在其他项目中，她们取得了显著的成功。1992年，在第25届奥运会上，陈月玲获得女子10公里健走金牌。这是中国运动员在奥运史上的进步。1993年8月，第4届世界田径锦标赛在斯图加特举行，我国运动员获得4金2银2铜。同年9月，第7届全国田径锦标赛在北京举行。

5. 田径运动走向世界的阶段

阶段划分：1996年至今，田径运动飞速发展并与世界田径运动接轨，中国田径运动的第五个发展阶段。

1996年后，我国田径运动的发展逐渐与世界田径运动的发展接轨。在1996年的第26届亚特兰大奥运会上，我国运动员王军霞在5000米长跑项目上获得了金牌。在2000年的第27届悉尼奥运会上，王丽萍获女子20千米竞走金牌。2004年，在雅典奥运会上，我国田径队一举夺得了两枚金牌，一个是女子长跑运动员邢慧娜在10000米比赛中获得冠军，另一个是刘翔在男子110米栏决赛中以12.91秒获得金牌。由此可以看出，我国田径运动已进入世界先进行列。

第二节　田径运动的分类与内容

一、根据运动性质的田径运动分类及其内容

田径分类的目的是了解田径运动存在的基本形式。可按不同需求分类：依据田径运动的项目特征、竞赛场地（室内或室外），根据参与者的性别和年龄来划分，在这里我们将田径运动分为实用田径运动和竞技田径运动。

（一）实用田径

1. 自然环境中的田径运动

自然环境中的田径运动分自然环境中的走、跑、跳、投，以及克服各种障碍的健身运动和游戏。

2. 健身性田径运动

田径力量练习是改善健康的练习。通过步行、跑步、跳跃和投掷来增强体能、延缓衰老和延长寿命。任何竞技项目的基本技能都是人类的基本技能，远低于运动能力的动作和难度要求。因此，它被不同年龄和性别的人们接受。

按人体自然运动方式，可将田径健身运动划分为健身走、健身跑、健身跳、健身投4类。

3. 趣味性田径运动

趣味田径运动一般按跑、跳、投和综合项目划分。

国际田联推广的田径趣味项目分为径赛和田赛两部分，每一部分都包括若干个项目。国际田联地区发展中心——雅加达，根据国际田联推广计划，2000年在东南亚曾推出了一套趣味田径运动教材，按跑、跳、投分为3大类。

我国根据国际田联趣味田径运动推广项目，将趣味田径运动按走跑类、跳跃类、投掷类和全能类划分。❶

（二）竞技田径

田径竞技运动项目主要包括竞走类（表1-1）、跑类（表1-2）、跳跃类（表1-3）、投掷类（表1-4），以及由跑、跳、投部分项目组成的全能运动（表1-5）5类。

---

❶ 苏海滨. 田径运动项目训练原理与方法探析[M]. 北京：电子科技大学出版社，2015.

表1-1 竞走类

类别	成人		少年			
	男子	女子	男子甲组	男子乙组	女子甲组	女子乙组
场地	20000米 50000米	5000米 10000米	5000米 10000米	3000米 5000米	5000米 10000米	3000米 5000米
公路	20千米 50千米	10千米 20千米				

表1-2 跑类

类别	成人		少年			
	男子	女子	男子甲组	男子乙组	女子甲组	女子乙组
短距离跑	100米 200米 400米	100米 200米 400米	100米 200米 400米	60米 100米 200米	100米 200米 400米	60米 100米 200米
中距离跑	800米 1500米 3000米	800米 1500米 3000米	800米 1500米	400米 800米 1500米	800米 1500米	400米 800米 1500米
长距离跑	5000米 10000米	5000米 10000米	3000米 5000米	3000米	3000米 5000米	3000米
超长距离跑	马拉松（42.195千米）	马拉松（42.195千米）				
跨栏跑	100米栏（栏高1.067米） 400米栏（栏高0.914米）	100米栏（栏高0.84米） 400米栏（栏高0.762米）	110米栏（栏高1.00米） 200米栏（栏高0.762米） 400米栏（栏高0.914米）	110米栏（栏高0.914米） 300米栏（栏高0.84米）	100米栏（栏高0.84米） 200米栏（栏高0.762米） 400米栏（栏高0.762米）	100米栏（栏高0.84米） 300米栏（栏高0.762米）
障碍跑	3000米					
接力跑	4×100米 4×100米	4×100米 4×100米	4×100米	4×100米	4×100米	4×100米
公路赛和越野赛	包括马拉松在内的公路赛以及由大会决定的各种距离不等的公路赛和越野赛					

表1-3 跳跃类

类别	成人		少年			
	男子	女子	男子甲组	男子乙组	女子甲组	女子乙组
高度	跳高 撑杆跳高	跳高 撑杆跳高	跳高 撑杆跳高	跳高	跳高	跳高
远度	跳远 三级跳远	跳远 三级跳远	跳远 三级跳远	跳远	跳远	跳远

表1-4 投掷类

类别	成人		少年			
	男子	女子	男子甲组	男子乙组	女子甲组	女子乙组
推铅球	7.26千克	4千克	6千克	5千克	4千克	3千克
掷标枪	800克	600克	700克	600克	600克	500克
掷铁饼	2千克	1千克	1.5千克	1千克	1千克	1千克
掷链球	7.26千克	4千克	6千克	5千克	4千克	3千克

表1-5 全能运动

组别	项目	内容和比赛顺序
成人男子	十项全能	第1天：100米、跳远、推铅球、跳高、400米 第2天：110米栏、掷铁饼、撑竿跳高、掷标枪、1500米
成人男子	五项全能	跳远、掷标枪、200米、掷铁饼、1500米
成人女子	七项全能	第1天：100米栏、跳高、推铅球、200米 第2天：跳远、掷标枪、800米
少男甲组	七项全能	第1天：110米栏、跳高、掷标枪、400米 第2天：掷铁饼、撑竿跳高、1500米
少男乙组	四项全能	第1天：110米栏、跳高 第2天：掷标枪、1500米
少女甲组	五项全能	第1天：100米栏、推铅球、跳高 第2天：跳远、800米
少女乙组	四项全能	第1天：100米栏、跳高 第2天：掷标枪、800米

二、根据技术特点的田径运动分类及其内容

在国际上，田径运动被称为Track and Field。Track在英语中指的是小路、路径，而Field在英语中指的是田野、草地。所以人们很自然地把它翻译成田径运动。在田径场中心或场地附近进行比赛或练习的跳跃和投掷练习，称为"田赛项目"。在田径场或田径场上进行的比赛或练习的步行和跑步，一般被称为"竞赛项目"。

现在我们国家称跳跃和投掷比赛为"田赛"。它通过高度和距离计算性能，称为"田间比赛"，而步行和跑步的结果随时间计算，两者统称为"田径"。

第三节 田径运动的特点与价值

一、田径运动的特点

（一）技能基础性强

大多数运动和田野技能的坚实基础体现在两个方面。一方面，运动和野外技能的基础是人类基本技能的一种竞争形式。特别是田径运动源于人们的生产和日常生活，并从人类生活和工作的基本技能（例如，步行、跑步、跳跃、射击等）发展而来。田径包括人类的基本运动。技能是至关重要的人类技能，是最基本、最简单、最自然的人类活动。另一方面，田径是其他运动的基础。田径运动有着悠久的历史，对从事其他运动的人来说至关重要。现代体育运动的形式和内容，几乎每一项运动中的每一项运动，都离不开简单的跑、跳等体育运动。因此，可以说田径是各种运动的基础，这也是许多竞技体育将田径运动视为一种训练方法的主要原因之一。

（二）群众基础广泛

1. 田径运动可选择项目多

田径项目内容丰富，为运动员提供多种运动机会：参赛者可根据年龄、性别、爱好、特点、体质等特点选择和练习自己的田径项目。

2. 田径运动形式参与性强

田径运动的项目有很多，具有较强的参与性。一方面，不同年龄和性别的人都可以参加体育运动。不同身体状况和健康水平的人可以选择他们想参加的特定运动项目。另一方面，可以在田径场上练习不同的项目，也可以在同一项目的训练中进行不同的训练强度，这也增加了田径运动的参与度。

3. 田径运动受限制条件少

田径运动受场地条件限制少。在田径比赛中，参赛者可以在道路、田野、广场、公园、草原、海滩等场所进行比赛。

田径运动受器械条件限制少。一些田径运动的器材设备要求简单、易操作。

田径运动受天气条件限制少。田径运动受天气影响较小，只要不是过于恶劣的天气，均可以开展不同形式的田径运动。

田径运动受技术条件限制少。田径运动走跑健身和训练不需要运动者具备较高的技术基础。

田径运动受时间条件限制少。田径运动受时间影响小，参与者一年四季都可以进行锻炼。

（三）比赛项目众多

田径比赛项目众多。这是奥运会的重要项目，也是不同国家竞相夺金的项目。田径项目可以分解为多个项目，它们是最具竞争力的项目，也是任何重大体育赛事中参赛运动员最多的项目。

（四）技术要求严格

田径运动并不复杂，但是技术要求非常高。对竞技技术的高需求迫使运动员掌握科学、智能的运动训练方法。从田径运动的运动结构来看，田径运动具有间歇性和混合性运动的结构。运行不同结构类型的运动有不同的规格和技术要求。动作结构相同的运动也有不同于其他运动的属性。

（五）比赛竞争激烈

田径比赛提供各种赛事。运动员通常必须充分发挥他们的身体潜力，才能取得良好的成绩，例如在田径运动中，运动员之间的距离可以在1秒之内，它必须比心理、战术和基于能力的竞争更具竞争力。

（六）追求自我超越

田径运动中的许多较小的活动，包括跑步、跳跃和射击，都以"更快、更高、更强"的奥林匹克格言为基础，充分体现了田径运动对个性的追求。根据内容分析，在田径运动中自我超越主要体现在比赛中不同运动员之间的激烈竞争。追求在田径运动中的主导地位包含3个层次的竞争精神。具体表现如下：超越自我；超越对手；超越比赛纪录，促进体育运动的发展。

从文化的角度来看，现代田径运动的根本目标是在个人发展的基础上实现的。田径运动的特殊文化特性，通过人的生物改造，达到在社会生活的目的，并实现其影响社会生活的目标。因此，田径运动和田径运动员具有极大的文化创造力，对促进社会文明发展具有重大影响。

二、田径运动的价值

（一）健身价值

1. 完善肌体能力

田径运动主要是促进运动员的协调性。在田径运动的过程中，通过反复的步行、跑步、跳、投掷等，可以帮助运动员发展运动协调能力。

田径运动还可以提高运动员的决策能力。田径项目中的跳跃和投掷比赛，要求运动员很好地判断球的方向，准确评估自己和器械的运动轨迹，这样的重复训练可以让运动员逐渐培养良好的判断力和快速的反应能力。

2. 提升身体素质

大多数人的身体素质表现在力量、速度、耐力和柔韧性上。田径运动包含的技能可以促进身体健康。

通过在田径运动中的练习，可以提高运动员的身体素质。田径运动对促进兴奋性和中枢神经系统的灵活性也有积极作用。长跑和竞走、健身是当今有氧运动的主流，这些对运动员来说也非常重要。改善血管和呼吸系统的功能非常重要。跳跃运动的练习可以加强和提高人体的感官功能和爆发力。投掷会影响人类肌肉的发育，加强和提高人的适应能力。因此，通过田径运动不仅可以改善运动员的肌肉、骨骼、神经和循环系统，也可以提高运动员的心理稳定性。这将有助于全面加强身体素质。

3. 完善运动技能

田径运动是最具竞争力的运动，也是体育赛事中产生奖牌最多的运动。在广泛的竞技活动中，田径运动必不可少，因此人们需要更加重视田径运动。

随着休闲运动和健身的普及，将田径带入健身领域后，田径运动的高知名度自然吸引了众多运动员。随着《全民健身计划结构》的实施，越来越多的人开始涉足运动健身。田径运动正以独特的魅力成为大众健身不可或缺的一部分。而田径健身的价值也逐渐显现。田径项目多样，内容丰富，步行、跑步、跳跃和全能运动都涉及更高层次的运动和技巧，每种类型都有自己的特点。

在田径运动中，运动员通过不断的自我调整来不断提高他们的技术技能。例如，短跑项目可以有效提高人们的短距离和高强度运动技能。超长跑和马拉松能有效提高运动员的长期耐力和超负荷能力。跳高、撑杆跳高，为运动员征服高度，勇敢攀登竞技表演的高度发挥积极的鼓励作用，投掷对于训练和提高运动员的爆发力和沉着性具有重要意义。

4. 延长运动寿命

对于运动员而言，长时间锻炼的能力也被归类为运动预期寿命。田径训练可以延长运动员的运动寿命。

首先，系统的运动训练可以改善运动员的身体健康。提高机体免疫力和有效治疗疾病的能力。

其次，运动健身可以有效改善运动员的体型，使身体机能始终处于较高水平，这将有助于减少身体能力的恶化。在田径运动中的健身时间越长，运动员能力就会越好。体力的发展对体能的提升更加强烈，由此产生的训练效果更加稳定。因此，体育锻炼可以有效地提高运动员的终身身体素质，延长健身寿命。

5. 回归自然

田径源于人类的生产生活，也是回归人性最重要的运动项目之一，主要表现在两个方面。

一方面，田径运动在形式和内容上可以影响很多不同运动项目，并在身心上取得满意的效果。在田径健身比赛中，运动员可以在愉快的氛围中聊天。国际田径联合会近年来开发了一项有趣的田径运动，关注人们的需求，有吸引力的田径运动更有趣，已成为人们日常健身活动中不可或缺的一部分。

另一方面，现代社会环境中人们的压力很大，而人们回归自然的愿望也越来越强烈。田径运动的起点是步行、跑步、跳跃和射击。人类在与自然作斗争的过程中发展起来的技能得到了进一步提高。运动员不仅可以取得积极的健身效果，还可以减少环境污染对运动员造成的身体伤害。实践证明，在自然环境中进行田径运动，对提高人们的生存能力和基本体质有积极的作用。通过在自然环境中进行田径运动和锻炼，可以有效缓解运动员在生活、工作和教育中的压力。

当今人们所面临的田径运动的组织和发展，主要是竞技体育的形式。因此，许多人认为田径是一项在训练和比赛中更具表现力的竞技运动。虽然有些人为了健康而练习跑步，但是他们对田径运动健身价值的理解还很简单，有很多缺陷。

（二）健心价值

1. 提高认知能力

在训练过程中，运动员必须能够快速准确地识别和判断外部事物。因此，运动员需要使用不同的感官。

田径运动对一个人认知能力发展的影响可以分为两个方面：一方面，田径运动中的步行、跑步、跳跃等体育活动有助于人们认知能力和运动思维的发展。田径运动是简单或复杂的重复练习，可以提高运动员的意识。另一方面，长期坚持田径运动，可以调节大脑皮层的神经。这个过程的平衡性和灵活性得到了改善，以增强大脑皮层评估和分析其环境的能力。

2. 增进情感体验

情绪是个体心理活动的核心。这影响人们的教育、工作和生活。当今社会生活节奏快，工作压力大，各种竞争加剧。这必须增加人们在面对强烈的心理压力时的心理灵活性。

田径运动可以增强人的情感体验，使一个人能够体验成功与失败、进步与挫折、快乐与痛苦、悲伤与渴望，有助于促进人们的情绪成熟，并提高他们长期控制情绪的能力。

3. 培养意志品质

研究表明，运动是传达人们意志和品质的最有效方式之一。在运动过程中，个人经常与个人问题和目标作斗争，例如，运动过程中的身体压力强度很高，并且经常需要达到物理极限，有时它会导致精神疲劳。因此，运动可以提高一个人的意志和素质。

因为现代人的生活相当舒适。人对自然和社会的适应能力在不知不觉中下降，但人在生活中不可避免地要接受挫折。运动锻炼意志品质，不同性别和年龄的参与者经历了不同程度的情绪和心理软化。具体表现在以下几个方面。

田径运动对运动员的身心要求很高。运动员仅在某些限制条件下才能展示自己的最大能力，但是还是需要保持信心才能获胜，还要克服一切困难，面对每一个挑战来实现目标。因此，通过体育锻炼，运动员可以变得勇敢而坚韧。

田径运动是在严格的组织基础上进行的。因此，通过田径运动进行体育锻炼，有利于运动员的纪律性和责任感。

田径运动通常是一对一的训练。运动员要想取得好成绩，就必须用一些方法来不断发展和提高自己的运动水平。体育运动可以培养良好的人格，提高心理素质。

田径运动的特点是技术的微小变化。因此，田径运动有助于培养运动员的毅力和耐力。

（三）益智价值

体育运动对个人智力的发展尤为重要。田径运动可以向挑战自我的运动员灌输信念和价值观。人类依靠自己的四肢来创造完整的人类体育文化，需要极大的运动创造力。

在田径运动中，运动员身体素质的持续发展不仅需要将其身体状况作为基本要求，也必须对锻炼计划达成合理的安排。运动时间、运动压力等因素可以使运动员发挥身体潜能、塑造完美身形，享受运动。

（四）娱乐价值

田径健身比赛是田径健身不可或缺的一部分，如今，田径健身已成为一种高强度的活动。在现代社会中，田径健身和田径运动是运动员的工作，已达到高水平。由于生活节奏不断加快，能够放松自己的机会太少了，所以田径运动有助于将健身融入日常生活，不仅是运动员在放松比赛的氛围中培养他们终生的运动能力，而且确实让运动员能够面对周围的人和事都冷静而坦率。参加田径运动可以带来身心愉悦，表现在以下3个方面。

首先，运动员在参加田径比赛时可以玩得很开心，同时提高身体素质和备战水平，为运动员提供足够的心理满足感。这有助于加强身心健康。

其次，田径运动受到很多观众的欢迎。在现代田径运动中，观众通过电视等媒体观看或收听田径赛事，可以增加娱乐。观看著名的田径比赛已成为人们的一种精神享受。

在国际田联的田径娱乐项目中，人们可以通过有趣的田径比赛来体验运动的乐趣。在德国等发达国家，有趣的轻运动发展非常迅速。

（五）竞技价值

在选拔竞技人才方面，田径训练要求不高。人才的选择是丰富的。因此，田径项目是竞技体育中选择的重点，有很多基础训练项目将田径运动作为重要的训练方法，并参考一些内容作为测试指标来评估其训练水平。

（六）经济价值

在体育运动中，田径是重要的赛事。由于田径比赛的奖牌数量众多，因此有"得田径者得天下"之说。所以人们对田径更感兴趣。尤其是近年来，随着田径运动的发展，女子田径项目被纳入奥运会。在竞争激烈的体育场，田径运动让人更加兴奋。这为市场化竞技运动的发展奠定了良好的基础。

在繁忙而成熟的体育市场中，许多公司瞄准了田径运动并走向商业化。许多制造商和广告商利用比赛来参与商业活动，既带来了收益，也促进了田径运动的发展。

（七）社会价值

在现实生活中，田径运动的竞技价值可以唤醒个人的竞技精神。竞争是这项运动最重要的属性之一。这就要求人们自觉遵循共同规范，最大限度地发挥个人潜力，追求卓越和成功。田径运动，对塑造和培养人的超自然意识具有重要作用。

最后，作为运动之母，田径运动还可以帮助人们学会乐观、积极、勤奋、竞争和合作，可以促进意志的自信，最终提高个人的社会适应能力。

第二章
田径运动的理论基础

田径运动的持续发展是建立在一定的理论基础之上的。本章主要从生理学与心理学方面对田径运动展开理论阐述，最后还讲述了田径运动与人体的发展。

第一节　田径运动的生理学基础

一、田径运动中的生理激素

人体是一个由不同器官、不同系统进行有机组合后构成的结构性和功能性的整体。这些不同的系统执行着各自的功能，同时在时间上和空间上有着严密的组织，相互配合，相互制约，使机体的整体功能保持稳定。生理激素和运动的关系是非常密切的，在很大程度上影响着田径运动的发展。

（一）生理激素概述

1. 生理激素的概念

激素是内分泌腺或散在的内分泌细胞分泌的各种高效能生物活性物质，其经组织液或血液传递而发挥调节作用。激素不仅由通常的内分泌腺，如垂体、肾上腺、甲状腺等所分泌，许多功能性器官（如心脏、肾脏等）除执行自身的主要功能外，也可生成许多调节性激素。

2. 生理激素的分类

激素的种类繁多，来源复杂，按其化学结构可分为含氮激素和类固醇激素两大类。

（1）含氮激素

含氮激素又可分为胺类激素，肽类和蛋白质激素两类。

胺类激素：主要有肾上腺素、去甲肾上腺素和甲状腺激素等。

肽类和蛋白质类激素：主要有下丘脑调节性多肽、腺垂体激素、神经垂体激素、胰岛素、甲状旁腺激素、降钙素，以及消化道激素等。

（2）固醇类激素

固醇类激素是由肾上腺皮质和性腺分泌的激素。在肾脏产生的VD3（1,25-双羟维生素D3）被看做固醇类激素。此外，有人将脂肪酸的衍生物——前列腺素列为第三类激素。

（二）生理激素对田径运动的影响

1. 激素在田径运动中表现出的基本规律

在田径运动中，运动员的应激激素水平会增加。这种增加与运动强度或运动持续时间有关。运动强度阈值可以增加运动刺激激素的水平。对于不同的激素，提升阈值是不同的。

经过长时间的训练，各种荷尔蒙变化的复杂作用，总会朝着有利于训练的趋势方向发展。

2. 生长激素与田径运动

生长激素是由腺垂体分泌的。通过研究发现，运动时GH在血中的浓度会随着运动强度的增大而相应地升高，并且运动强度越大，升高幅度越明显。不同运动强度时GH所发生的反应如图2-1所示。

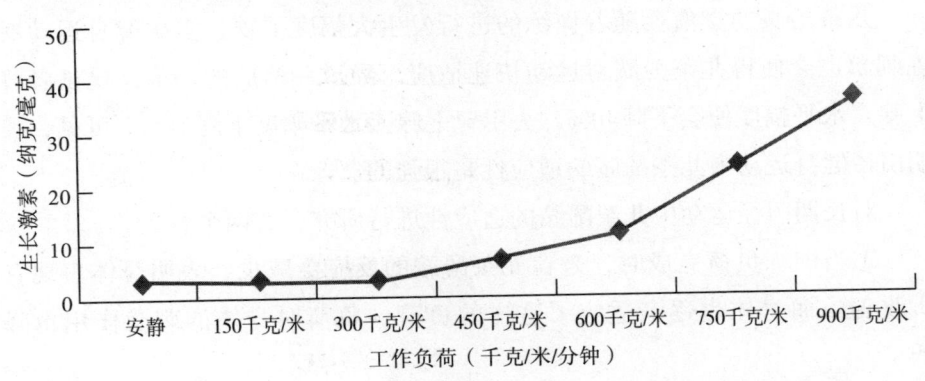

图2-1　不同运动强度时GH所发生的反应

3. 儿茶酚胺与田径运动

肾上腺素与去甲肾上腺素统称为儿茶酚胺，都属于应激激素，由肾上腺髓质分泌。儿茶酚胺与田径运动有着很大的关系。

（1）急性运动中儿茶酚胺反应

生理肾上腺髓质与交感神经系统的功能状态密切相关。这是因为肾上腺受到交感神经的刺激。如果运动强度过低，血液中儿茶酚胺的含量不会有明显变化。该研究证实，低至中等强度的运动不会显著增加血浆肾上腺素水平。在急性训练的压力条件下，交感神经系统起作用。在此期间，儿茶酚胺的量增加。随着急性训练的增强，儿茶酚胺的水平升高。增加与训练强度密切相关。运动的强度越大，它只会变得越来越多。试验发现，男女受试者进行几次最大运动期间，其儿茶酚胺的增加相似。完成反复性最大强度运动后，男子血中肾上腺素水平升高明显，能够达到安静水平的18倍，去甲肾上腺素也有着差不多的变化。

测试过程中要求测试者逐渐增加运动负荷，当浓度达到80%VO_2max时，血浆中儿茶酚胺的浓度显著升高。当受试者在80%VO_2max下直接训练10分钟时，血浆中儿茶酚胺的浓度也显著增加。这表明儿茶酚胺水平需要最小的刺激强度来响应急性运动。研究表明，这种刺激的强度约为75%VO_2max。

（2）长期田径运动中儿茶酚胺的适应性

研究发现，儿茶酚胺能适应长期运动。

儿茶酚胺的量值会随着训练的进行发生大幅度下跌，多次健身运动锻炼刺激也会使得儿茶酚胺对运动快速适应。经过一两周的训练，受试者肾上腺素水平幅度便会下降40%，去甲肾上腺素水平幅度下降25%。可见，长期田径健身运动中儿茶酚胺的适应性是很强的。

对长期田径运动中儿茶酚胺的适应性进行研究，有两个意义。

①当训练负荷完成时，来自儿茶酚胺的反应会减少，表明身体表现有所改善。而身体也逐渐适应了这样的负荷。负荷对身体的刺激作用也降低了。

②随着体能水平的不断提高，同负荷下运动员儿茶酚胺水平反应范围内的现象越来越小。

4.抗利尿激素、盐皮质激素与田径运动

抗利尿激素由神经垂体分泌，盐皮质激素（AID，也称为醛固酮）由肾上腺皮质分泌。它们都参与调节电解质平衡。氢交换和体液容量的保存在运动和健身中发挥着重要作用。

人体在运动和跑步过程中会损失大量的H_2O和Na^+。人体对H_2O和Na^+的损失尤其在炎热环境中的中长距离跑中更大。当身体失去大量的H_2O和Na^+时，它通过ADH和AID来控制和维持血浆量。监管流程如下：

运动训练时交感神经兴奋性增加，钠缺乏，渗透压升高，促使神经垂体释放ADH，促进肾脏特化细胞分泌肾素。

ADH然后通过肾脏的集合管产生各种生理作用，增加体内水分的滞留，肾脏的输尿管增加钠的重吸收。钠吸收可以增加被动吸水。

经过激烈的训练，ADH和AID水平急剧上升。在同等强度的运动结束时，高技能的人和中等技能的人血液中的ADH水平也很高。因此，很可能不会适应运动训练刺激。

5. 糖皮质激素、促肾上腺皮质激素与田径运动

糖皮质激素由肾上腺皮质分泌，促肾上腺皮质激素（ACTH）由垂体分泌，在田径运动中，GC和ACTH在加速能量代谢和调动身体潜力方面发挥着关键作用。

ACTH调节GC的分泌活动，因此，运动过程中GC的变化与来自垂体的ACTH水平有关。ACTH分泌水平增加，从而增加肾上腺GC的分泌。该测试允许受试者以80% VO_2max 跑步20分钟或逐渐增加运动负荷，直到志愿者耗尽他们的ACTH水平。在静息水平2%或5%以上的静脉血浆中，ACTH是GC的上位激素，具有级联放大作用。

研究表明，在低强度运动期间，血液GC水平不会发生显著变化。当力竭练习完成时，刺激非常好，GC水平大大提高。因此，GC与儿茶酚胺一样，运动刺激的强度阈值会导致其水平显著增加。此外，ACTH和GC表现出类似的应激激素适应性变化。经过长时间的运动后，水平随着运动量的增加而不断升高。

6. 胰岛素、高血糖素与田径健身运动

通过研究运动中胰岛素和高血糖素的变化，一些专家发现了以下3个方面的重要表现。

①让身体素质高和身体素质低的举重运动员进行同样的3小时中等强度的运动。身体素质低的锻炼者继续降低血糖水平。高身体素质的锻炼者不仅没有减少，而且很容易提高。

②训练开始后20分钟内，身体素质高和身体素质低的锻炼者的胰岛素水平几乎相同，但未来优质锻炼者不会再显著降低胰岛素水平。

③开始锻炼后20分钟内，高身体素质锻炼者的胰高血糖素水平显著升高，几乎是休息时的两倍。身体素质低的锻炼者的胰高血糖素水平虽然之后略有下降，但仍保持在平静水平左右徘徊。

因此，可以从中得出以下结论。

①应答持续性田径健身运动时，身体素质低的锻炼者的胰高血糖素徘徊在平静的水平，并且胰岛素水平继续下降，可以在运动结束时将镇静水平降低到一半以下。

②应答持续性田径健身运动时，身体素质高的锻炼者表现出良好的适应性。胰岛素的下降很小，胰高血糖素水平大大增加，血糖水平非但没有下降，反而小幅上升。

二、田径运动中的心血管系统功能

血液是由血浆和血细胞组成的流体组织，存在于心血管系统中。血细胞包括红细胞、白细胞和血小板，占全血量的45%~50%。正常成人血液约占体重的7%~8%。当人体处于平静状态时，大部分血液在心血管系统中快速流动。这个血量称为循环血量。还有一些血液残留在肝脏、肺、腹部、腔静脉和皮下静脉丛中。它流动缓慢，血浆较少，红细胞较多。这部分血容量称为贮存血量。

（一）血液的功能

1. 调节功能

人体含有大量的液体，统称为体液，重量约占体重的60%，细胞内所含的液体称为细胞内液，约占体重的40%。细胞外液称为细胞外液，约占体重的20%。细胞外液包括间隙空间中的血浆（5%）和细胞间液（15%）。与人体所处的外部环境相比，细胞外液是细胞存活所依赖的直接环境，也称为内部环境。内部环境的相对稳定是生物体正常运作的先决条件。在运动过程中，身体会调节无氧代谢。因此，身体会产生各种酸性和碱性物质。在持续的代谢过程中，这些物质首先进入血液，被血液缓冲液缓冲，使人体正常环境中的pH值保持稳定。血液在管理中发挥作用。这一角色在现场监测和培训中的重要性是显而易见的。它可以将器官在新陈代谢过程中释放的热量传递到身体的不同部位。它还可以将一些热量传递到身体表面，以帮助将热量从身体中排出，并使体温保持在正常范围内。

2. 运输功能

血液的基本功能是运输。血浆中的水分、血浆蛋白和红细胞中的血红蛋白起着载体的作用。血液可以将人体所需的氧气、营养和激素输送到组织细胞。同时，可以摄取二氧化碳和各种代谢产物，由细胞运输到身体的排泄器官。这是田径运动最基本的物质基础。

3. 防御功能

血浆中含有免疫球蛋白、抗生素、溶菌素等多种免疫剂，统称为抗体。抗体可以对抗或破坏外来细菌和微生物等抗原，从而帮助人体避免感染。人体能够承受体内各种微生物造成的伤害，通过吞噬作用和血液中白细胞的免疫反应来做到这一点。

（二）心血管系统与田径运动

心脏和血管组成了人体的血液循环系统，血液循环是实现血液生理动能的基本手段。在血液循环过程中，血管是血液循环流动的通道，并通过毛细血管与组织细胞进行物质和能量的交换。田径运动对心血管系统的功能有着显著的改善作用。

1. 运动时心血管系统的反应

在休息期间，人体每分钟仅使用0.25升氧气，同时肌肉也很紧绷。运动时，耗氧量已增加到2~6升/分钟。循环系统现在已经改善了其作为运动重要支持系统的功能。运动时增加供氧量，尽量满足器官的需氧量。长期的系统性运动会导致身体发生变化。

运动时交感神经活动增加，而心血管神经和血管活动减少。同时，肾上腺髓质分泌肾上腺素和去甲肾上腺素。这导致心率增加，心肌收缩增加，每搏输出量增加，骨骼肌有节奏地收缩和静脉运动的改善，这也有助于静脉血的回流，从而导致心跳显著增加。运动时使用心率是控制心跳的最重要方式，适合长期锻炼耐力的运动员。与静息状态相比，训练期间的心率会增加7~8倍。

运动时血压的变化取决于心输出量和外周阻力之间的关系。而这取决于训练方法、动态训练的强度和持续时间等因素。当心跳增加时，所有外周阻力将保持不变。在系统压力下，肌肉的血管会扩张。腹部的血管收缩，骨骼肌的血管显著扩张，并且整体外周阻力降低。因此，血压在动态压力下升高。这种升高主要表现为收缩压升高。而当舒张压升高时，压力会略有下降。

血液分布在田径训练期间心输出量增加，但是增加的心输出量并没有分布在身体的各个器官中。在田径运动中，身体的调节机制将血流分配到器官。这表现在两个方面：一方面，流向受压肌肉和心脏的血流量大大增加，流向与训练无关的肌肉和内脏器官的血流量减少。另一方面，通过体温调节机制增加热量产生和体温升高皮肤的血管会扩张。

运动期间的血液分布在生理上很重要。一方面，它减少了流向不参与训练的器官的血流量，以确保流向活跃肌肉的血流量。另一方面，随着骨骼肌血管的扩张，骨骼肌以外器官的血管收缩。因此，整体峰值阻抗没有显著降低，并有助于增加流向肌肉的血液。

2. 心血管系统对田径运动的适应

据研究，运动员普遍心功能良好，这是运动引起的生理性改变，对运动有着积极的作用。另外，不同运动项目的运动员的心脏有不同的特点。耐力运动员心脏肥大，表现为整个心脏的扩大。不仅左右心室明显扩大，而且还伴有左心室壁厚度的轻微增加。锻炼不仅可以增强心脏，还可以减慢静息心率。受过训练的心脏的物理外观大，内部详细结构也产生了变化。

田径运动还可以降低低密度脂蛋白和血液胆固醇水平，同时增加高密度脂蛋白水平对心血管系统的保护作用。马拉松运动员的脂蛋白胆固醇密度为65毫克/升，慢跑者为58毫克/升，非运动员为43毫克/升。

三、田径运动中的呼吸与供氧

（一）田径运动中的呼吸

1. 呼吸方法与呼吸形式

（1）呼吸方法

鼻腔对空气具有净化、湿润和温暖的作用，因此，正常人安静时的呼吸是经过鼻呼吸的方法进行的。田径运动时，往往需要提高呼吸的效率，增加散热途径，因此，常采取嘴鼻并用的呼吸方法。研究表明，在田径运动时增加了嘴的通气，肺通气量由仅用鼻呼吸的80升/分可增至173升/分。如人体进行慢跑对氧需求量不是太大时，采用以鼻吸气、嘴吐气的方式为佳。

随着速度的增加，嘴巴呼气的深度和频率也会增加。对于那些在野外和田径运动中锻炼的人，当个人感觉需要张口呼吸时，表示跑步速度过快，此时应相应降低训练速度。

（2）呼吸形式

膈肌和肋间外肌是人体最重要的呼吸肌。膈肌收缩，腹部增大和减小，胸壁随着肋间外肌收缩而增减。

人体一般都是采用腹式和胸式都参与的混合式呼吸。在田径运动过程中，能否采用合理的呼吸形式，对于完成运动任务是非常重要的。有些运动项目的呼吸形式比较复杂，如投掷运动，要求呼吸形式与技术动作相互配合，使之与运动动作精确地整合为一体。

2. 呼吸的调节

呼吸是一种节律性的活动，其深度和频率随机体代谢水平而改变。运动时，通过神经和体液的共同调节来维持内环境稳定，加快呼吸。

①运动前的通气量增大是条件反射性的。

②运动开始后通气量的骤升，是由于大脑皮质在发出冲动使肌肉收缩的同时，也发出冲动到达脑干呼吸中枢，引起呼吸加强。

③通气量骤升之后，呼吸缓慢地增加是由于动脉中温度和化学环境变化所致。当运动继续时，肌肉中代谢增强，使呼吸加快加强。

（二）肺通气功能对田径运动的反应

1. 田径运动中肺通气的适应

田径运动可以增加呼吸深度并降低休息时的呼吸频率，并且在锻炼期间配对呼吸的深度和频率更有用。在相同肺通气量下的田径运动中，运动员的呼吸频率低于未经训练的人，即运动员肺通气量的增加很大程度上取决于呼吸的深度，降低了呼吸肌的能量消耗和耗氧量，使肺部的换气更有效率。这对于长时间锻炼非常有用。

实践表明，经过一段时间的体力消耗后，肺通气会停止，通气量每分钟逐渐增加，最大通气量显著大于未经训练的受试者。当训练有素的运动员进行增重练习时，肺通气非线性变化的时间延迟，并且增加通气阈值。[1]

参加田径运动时，人体的新陈代谢特别旺盛，因此，对氧气的需求也增加。促进呼吸系统适应身体代谢需要长跑等有氧代谢。休息时呼吸深度从500毫升增加到2000毫升，呼吸频率从12～18次/分钟增加到50次/分钟，每分钟通气量可能超过100升。

四、田径运动各项目的生理特点

（一）走类项目的生理特点

走类项目主要是指竞走，竞走运动强度中等，动作技术具有周期性的特点，需要发展耐力素质，而对力量素质的要求不高。竞走运动的生理特点如下。

1. 运动性机能变化特点

肌肉特点：竞走支撑时间长，肌肉长期处于兴奋状态，缺乏舒缩的适宜交换，所以竞走运动员在竞走时肌肉长时间处于紧张状态。

---

[1] 陈静霜，许剑，丁凤华. 高校田径运动训练方法与实践研究[M]. 长春：吉林大学出版社，2012.

易出现局部疲劳：肌肉紧张的持续时间长，易导致出现严重的局部疲劳。

2. 呼吸机能变化特点

需氧量特点：竞走运动每分需氧量不超过3.5升，低于最大摄氧量水平。

肺通气量特点：每分为70~80升。

氧处于稳定状态：竞走运动的需氧量低于最大摄氧量水平，所以运动时氧处于稳定状态。

3. 心血管机能变化的特点

心率特点：完成竞走运动后，脉搏可增至150~180次/分。

血压特点：竞走结束，收缩压可上升至150~160毫米汞柱，舒张压一般比安静时下降10~20毫米汞柱。

4. 中枢神经系统机能特点

兴奋的过程中肌肉长时间处于紧张状态，并向大脑发送大量反馈脉冲。这会触发皮层和运动中枢的感觉神经元。所以，有一个刺激的过程。均衡性与长跑和超长跑相比也有不同情况出现。

反应潜伏期缩短：因为神经过程的均衡性不高，所以竞走运动员反应潜伏期会缩短。

（二）跑类项目的生理特点

1. 短跑项目的生理特点

短跑属于动力性工作，其特点是最快速度、最大强度、持续时间最短、动作有周期性、运动强度最大。短跑运动主要是发展速度素质和爆发力素质，其竞技项目包括100米、200米、400米跑。

（1）运动机能的特点

肌肉的兴奋性和机能活动性提高。

肌肉时值缩短。

参与活动的对抗肌时值相互接近。

（2）中枢神经系统机能特点

神经过程灵活性高。

神经细胞易疲劳。

运动中兴奋过程比抑制过程占优势。

（3）呼吸机能特点

需氧大：短跑时，肌肉工作强度最大，需氧量大。

氧量高：短跑强度大，需氧量多。

呼吸机能变化特点：短跑时呼吸机能变化不大，而短跑完成后机能明显升高。呼吸频率增至35次/分，肺通气量可达70~80升/分。

（4）血液和循环机能变化特点

心血管机能在短跑时变化不明显，短跑后机能升高。

（5）能量代谢特点

相对能量的消耗大：短跑运动时间短，所以相对能量消耗大。

2. 中跑项目的生理特点

田径运动中跑类项目属于动力性工作，动作有周期性，是次最大强度运动。田径竞技运动中，中跑包括男子800米、1500米、3000米，女子800米、1500米项目。

（1）呼吸机能变化特点

呼吸机能不能和运动机能同步进入工作状态，只有在1500米跑项目接近终点时，呼吸机能才可达到最高水平。

（2）心血管机能变化特点

中跑时，在跑程中植物性机能不能适应运动机能的要求，机能变化不能很快提高。1500米跑接近终点时，植物性机能变化才可达到最高水平。心血管机能变化主要表现如下：

①血压可达到人体最大值，收缩压处于185~220毫米汞柱，舒张压明显下降。

②心率可达到人体最高指标，达到200~250次/分。

③每搏输出量为150~210毫升，每分输出量可达30~40升。

④长期从事中跑训练，心脏体积可出现运动性增大。

（3）中枢神经系统的机能特点

①机能稳定性较高。

②神经过程灵活性较高。

③神经细胞疲劳产生较快。

（4）血乳酸的变化

中跑跑动中会缺氧，氧债不断增加，产生的乳酸也不断增多。

（5）代谢特点

运动供能以无氧代谢的乳酸系统供能为主，但也有有氧代谢供能。中跑总能量消耗约为125千卡以上。

3. 长跑项目的生理特点

长跑项目主要发展耐力素质，对力量素质要求不高，属于动力性工作，运动有周期性，大强度的运动。其项目包括5000米、10000米等。

（1）呼吸机能变化特点

①肺通气量特点：增至120~140升/分。

②呼吸频率特点：可达50次/分左右。

③氧量特点：氧量百分比约占总需氧量的15%~22%，相对比短跑、中跑都要低。

（2）心血管机能变化特点

①每分输出量可达30~35升/分。

②心率可达200~220次/分。

③每搏输出量可达120~180毫升。

④血压收缩压可升高到150~180毫米汞柱，舒张压明显下降。

（3）中枢神经系统机能变化特点

①协调性高。

②机能稳定性高。

③控制运动单位轮流活动。

（4）血液成分变化的特点

①血碱贮备量特点：可减少40%~50%。

②血pH值特点：降至7.0~7.2。

③血乳酸特点：由于跑程中氧债逐渐积累，血乳酸含量逐步上升到200毫克，尿乳酸也随之相应增加。

④血糖含量特点：有不同程度的降低。

（三）跳跃类项目的生理特点

田径运动竞赛项目中，跳跃类运动包括跳高、跳远、三级跳远和撑竿跳高等项目。跳跃类运动是混合性练习项目，其助跑阶段是周期性动作，踏跳、腾空等是非周期性动作。跳跃运动要求有良好的爆发力量、绝对速度、较好的弹跳性和柔韧性。

1. 中枢神经系统机能变化特点

跳跃运动的助跑对身体的影响多与短跑类似，加之跳跃部分属于灵敏项目，所以该项目运动神经过程的灵敏性高。

2. 感官机能的作用特点

（1）本体感觉的作用

头部在本体感觉中的位置对完成运动的非周期性部分起着重要作用。这是因为头部位置的变化会触发刺激。本体感受器和反射导致身体肌肉的张力分布并产生状态反应以确保完成移动。

（2）视觉的作用

跳跃训练开始之前和训练期间，起点、跳跃点和踏板之间的距离必须可见，并且必须适当考虑水平轴的高度、深度和左右位置，因此，对距离和空间位置的视觉准确评估对于完成操作是必不可少的。

（3）位觉的作用

跳跃过程可以刺激前庭感受器，并且反射产生准确的反射和平滑的着陆反射。完成跳跃过程，同时提高前庭分析仪的稳定性。

3. 植物性机能变化特点

跳跃运动助跑距离短，跳跃动作时间短，而且每跳一次后有休息时间，所以各器官的机能变化不大。

（四）投掷类项目的生理特点

在田径运动中，投掷是一种力量和速度的练习。这需要爆发性的肌肉收缩，其中大部分需要肌肉力量和收缩速度。

1. 中枢神经系统机能变化特点

克雷斯托夫尼科夫通过实验证明，标枪运动员训练条件反射的反应潜伏期与跑步的反应潜伏期相似，并且激活过程与抑制过程相比与短跑运动员的过程相同。此外，研究表明，链球投掷运动员的神经平衡水平很高。

2. 运动器官特点

投掷和非投掷运动员的臂围存在显著差异。长时间的投掷增加了绝对力量和耐力，尤其是爆发力。

3. 感官机能的作用特点

投掷运动的结构复杂。在执行复杂运动时，视觉和前庭分析器发挥脉冲比例知觉的关键作用外。投掷和投掷后身体平衡的快速旋转会刺激平衡器官，使平衡器官很好地适应刺激，增强平衡功能的稳定性。

4. 植物性机能变化

因为练习的时间很少，有休息时间，运动后植物性机能不会发生明显变化。脉搏增加到每分钟120~130次，收缩压升高10~30毫米汞柱。与休息状态相比，投掷运动员的肺活量绝对值较高。

第二节　田径运动的心理学基础

一、运动心理学的基本原理

体育运动心理学研究的对象是人在体育运动中心理活动的基本规律，其主要任务是研究人在体育运动中的心理过程和个性心理特征发生发展的基本规律。

（一）体育运动中的心理过程

1. 认识过程

知觉过程与各种心理现象有关。人们在特定的意识活动中表达自己，主要由感知、表象、想象、思维和记忆等几个过程组成，下面我们将在运动感知过程中详细解释感知和思维。

感官是指大脑在事物、听到的声音、看到的颜色和闻到的气味的直接影响下对事物的个体属性的反映。知觉是大脑对受事物直接影响的一切事物的反映，例如，篮球、盘子和横带等客观物体直接作用于感觉器官时的知觉。这两种不同的认知过程不仅是人类大脑个体素质的反映，它还包括所有直接影响感官并需要更高灵敏度的客观属性。能够识别动作和动作之间的细微差别，并能在适当的时间感知轻微的干扰。更高的灵敏度也让运动员能够快速感知外部刺激，这将缩短响应时间。

思考是指人脑中对事物的必要属性和内在规律性的反映。感知这些事物的本质和规律是一个非常复杂的心智加工过程，例如，人的感知只能反映广泛而具体的人，同时思考外貌、肤色、外貌、解剖学等方面。一个人可以通过锻炼来学习某些运动技能。

2. 情感过程

情绪在运动中扮演着重要的角色。情感是一个人对具体事物是否满足自己需求的体验。当能够满足需要时，就会产生幸福和喜悦等积极情绪。当不能满足自身的需要时，就会引起各种负面情绪，如痛苦和煎熬。成功和失败在比赛中很常见：运动员击败对手的需要有时会得到满足，有时得不到满足。心情急剧变化，时而欢喜，时而烦躁，快乐、愤怒和悲伤，不断变化。在比赛中，积极的情绪可以使运动员的力量加倍。而负面情绪往往会使运动员行动迟缓和虚弱。狂喜、愤怒等强烈而短暂的激情，有时会转化为战胜逆境和对手的巨大力量。有时它会导致肌肉痉挛、腹痛和性能下降。因此，每个人都应该了解情感的竞争力的属性。学会控制和调整自己的脾气，不骄不躁，不放弃胜利，永远保持开朗和乐观。以情绪为推动力来发展运动技能。

3. 意志过程

坚强的意志对运动员的表现很重要。意志是人们在训练中为了达到一定的目标，有意识地克服困难而掌握自己的行为的心理过程。意志是一种基于认知和情感启发的心理活动，并且是提高运动成绩的良好精神力量。对于跳高、跳高、跳伞等运动，要克服犹豫和恐惧；举重、投掷等，要克服短期强肌肉使用；长跑、越野自行车、游泳等必须克服长期肌肉紧张疲劳。随着时间的推移，长期的活动不仅消耗大量的体力，也消耗了大量的精神能量。紧张而快速的思维和不断变化的强烈情感体验等上述学习和比赛中的困难对一个有决心的运动员来说并不难克服。

（二）体育运动中的个性心理

1. 能力

能力是指完成特定活动所需的心理素质，包括观察、记忆、思维、想象力和专注力，是学习运动技能和提高运动成绩的基础。人与人之间的技能差异很大（例如聪明，愚蠢，有些快，有些慢），因此，在练习运动时应特别注意培养基本的个人技能。

2. 性格

性格是指一个人对现实的稳定态度和习惯性行为。性格是人类人格的一种特征，它是一种相对稳定的心理属性，因人而异，但性格特质有其特殊性：首先，性格是人脑中一种内在的社会关系，它反映了一个人在某种现实和行为中的自信，是人们思想意识和行为的体现；其次，性格特征相对稳定，但有不同的倾向性。因此，性格特征是稳定的；最后，性格可以发生变化，比如一个害羞、害怕兴奋的人，经过长时间的锻炼和多次参加比赛，他们往往会成为相当强壮的运动员。

3. 气质

情绪是指一个人心理活动的稳定动态性质。不同的情绪类型表现不同。了解或评估个人的情绪类型对参与体育运动、体育教育、运动训练和管理非常重要。心理过程总是发生在每个人身上。心理过程与个体心理差异密切相关。人的人格心理是由心理过程决定的，也存在于心理过程中。由此产生的人格差异限制了心理过程的进展。

二、田径运动的心理学基础

田径运动项目众多，学习和掌握好各项目运动技术的效果与心理因素

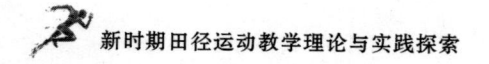

有着密切的关系。

（一）运动知觉

运动知觉是人脑对身体运动的外观和状态的反映。它是由重力、速度、肌肉、力等多种感觉要素组成的复杂知觉，人脑在外界物体运动状态下的反映称为物体运动的知觉。而人脑在自身运动状态下的反映称为对物体运动的感知。两种类型的运动检测在竞技技术能力中都有特定的功能。精确和协调的运动是通过非常不同的运动感知实现的。

1. 走、跑项目的速度知觉

速度感知是跑步参与者的重要心理方面。准确地评估身体耐力和力量分配是运动员重要的心理素质。对速度的感知大部分反映了身体时间的变化。一方面，它可以通过视觉和音频信号感知高速反射；另一方面，它可以通过信号运动和肌肉感觉来判断。

每个人都可以通过自己对肌肉敏感性的体验来区分身体运动的速度和连续性。而这种改变的能力是通过重复锻炼来提高的。此外，表现出色的运动员能够利用身体变化的感官知觉，例如心跳、脉搏、呼吸、血流量等来评估跑步速度。

2. 跳跃项目的速度知觉与空间知觉

对速度和空间的感知是塑造跳跃技术的重要心理特征。正确分配和使用力量，捕捉节奏，对节奏的感觉，以及在冲刺过程中准确估计起跳距离和横梁高度的能力是通过差异化发展而形成的认知。

3. 投掷项目的专门化知觉

在任何特定项目中，设备的手感都是决定投掷技术的重要心理因素。它是能够使用各种运动器材的重要心理基础，流利地使用自然属性。通过肌肉运动、触觉、视觉和平衡的参与，以及精确的技术运动，特别是肌肉运动设备的感官将逐渐发展。

（二）心理定向

心理定向是学习和提高技术动作的重要心理前提。心理取向往往导致心理活动的广泛反应和变化。正确的心理导向可以将动作的内容和结构与技术动作的性质完美地结合起来，此时学习者会在心理上设计一种动作模式来实现目标。这些模式反映了活动的结果，并且所有的动作都可以根据这个结果进行调整，因此，心理取向以3种主要方式影响跳远技术动作结构的形成：速度型、力型和混合型。这种心理取向的差异主要表现在时间、空间和速度的参数上。基于速度的心理定向意味着在锻炼时专注于最大化他们的速度。

在学习运动技巧方面，不同的训练方法和做法会引导学生发展不同的心理方向，并且不同的前期心理方向会对不同技术特征和技术风格的形成产生重大影响。

（三）情绪

1. 走、跑项目的运动技术与情绪

在各种步行和跑步项目中，运动员有强烈而明显的情绪体验。这种情绪体验的特点是运动参与者的生理状态发生变化而导致克服问题的力量增加。步行、跑步强度和持续时间及参与者当时的身体变化，以及对比赛或锻炼重要性的理解，创造了不同的情感体验和复杂的情感变化。尽管运动员的情感本质随着他们步行和跑步的距离而变化。但一些高层情感是他们克服各种内外问题的重要心理因素。

2. 跳跃、投掷项目的运动技术与情绪

强烈而爆发性的情绪体验是跳跃、投掷运动员必须具备的心理素质。它直接影响神经系统的兴奋性，改善肌肉收缩和速度，这种情绪体验可以让身体在跳跃后移动到最高点或最远点。

（四）意志

1. 走、跑项目的运动技术与意志

步行和跑步是有意识的锻炼。它的目标是以最大速度行驶一定距离并到达指定目的地（终点）。参与者必须表现出极大的意愿和决心。在这种类型的努力中，参与者必须克服各种内部和外部挑战。准确把握时机，明智分配精力，执行预定策略。在实践中，不同的步行距离会改变参与者的需求、意图和质量。长跑的参赛者必须具备意志坚强的品质：毅力、毅力、自制力、冷静和果断。中长跑是一项具有挑战性的项目。参与者必须有信心和其他素质。跑步的主要目标是克服最大速度带来的身心压力。参赛者必须利用一切机会跑到最后。最重要的意志品质是自信。

2. 跳跃项目的运动技术与意志

跳跃是在垂直或水平方向克服身体的障碍，以达到最大的运动训练效果。这种有意识的努力体现在克服学习者内部和外部的困难上。智能发力和充分锻炼也体现了通过加强和动员克服身心压力的潜力。因此，跳跃参与者的任性属性是自我控制的特征。

3. 投掷项目的运动技术与意志

投掷参与者的意志和努力程度与克服过度压力造成的强烈身心压力的难度有关。因此，其意志品质十分重要。

（五）注意力

1. 走、跑项目的运动技术与注意

跑步的步行技术是重复性和高度"自动化"的，所有的注意力都集中在解决目前运行中的主要问题上。在训练冲刺跑开始时注意力集中在即将到来的开始和识别触发信号上。活动中的警惕性，一方面表明如何采取正确的技术措施，另一方面表明如何合理分配精力、调整速度和必须采取的战术措施。当步行和长距离跑步时，外部刺激的影响会导致不自觉的注意力。这会对正确控制运行速度产生负面影响。然而，随着疲劳程度的增加，有时需要将注意力从身心活动转移到其他领域。

2. 跳跃项目的运动技术与注意

跳跃运动技术的特点是在所有技术流程的实施中具有高度复杂的协调性和"自动化"。学习者的注意力集中在解决当前的核心任务上。同时，学习者需要更高的注意力，以及分配和转移的能力，例如在启动完成时，学习者应该正确地将他们的心理活动与跑步者肌肉的活动保持一致。

3. 投掷项目的运动技术与注意

投掷比赛以力量为主，而且它们的动作更复杂，协调性要求也更高。高度的兴趣和强烈传达的能力是该项目参与者的主要特征。因为在技术执行时学习者必须认真关注并专注于整个实施过程，包括握住设备、准备姿势、移动或转动最大化力量，以及由于每次投掷之间的间隙而导致的投掷速度和手角度。因此，学习者需要培养更高的同时传递注意力的能力，以免通过无意识地使用精神能量来影响练习的效果。

第三节 田径运动与人体发展

一、田径运动中人体机能状态变化的特征

田径运动过程中，人体生理机能将发生一系列的影响变化和相应的规律性变化，这些变化在正式运动前就已经发生。

（一）运动前状态

1. 运动前的基本状态

在田径运动中，处于良好的锻炼前状态可以减少身体进入这种状态所需的时间，并使身体充满力量，增加运动的效率。如果运动员在训练前身体状况良好，生理反应水平会更合适。中枢神经系统的兴奋性适度增强，在一定程度上可以克服五脏六腑的呆滞，使呼吸循环功能得到预先改善，使身体发挥其效能。在正式训练开始时尽快提高运动表现。

训练前的恶劣条件会妨碍身体的活动。显然，这不利于锻炼和健身。训练前状态的过度或微弱的生理反应对田径运动中的运动表现有负面影响。运动前中枢神经系统兴奋度过高时，压力可能太大，常出现睡眠不安、四肢无力、身体轻微震颤等症状。另外，在比赛前反应太强烈，导致身体表现出过多的抑制。这可能会导致训练前情绪低迷、对比赛不感兴

趣，不利于运动训练。

（1）生理变化及其机制

运动前生理功能反应的程度取决于运动的类型。运动员的技能和心理，以及训练开始时的大部分生理反应都表现在神经系统中。供氧系统和代谢包括：

①中枢神经系统兴奋性代谢增加，体温升高和内脏活动增加。

②心率加快，收缩压升高，肺通气量增加。

③高血糖，出汗过多和尿频。

运动前的机制可以用条件反射机制来解释。当人体参与肌肉活动时，在正常训练中不可避免地会导致内脏、新陈代谢和神经系统的功能发生变化，运动器材、器械等诸多因素往往与肌肉活动结合在一起。随着时间的推移，这些因素成为条件刺激。只要这些刺激发生，即使没有发生肌肉活动，训练前的状态、生理变化会是可见的。

（2）运动前状态调整

在田径运动中，运动员希望利用他们的技能来提高他们的表现，并尝试在训练前调整响应以保持最佳状态。运动员需要不断提高自己的心理素质并改善运动态度。

2. 准备活动

（1）准备活动的生理机制

适当的热身会对以后的正式练习产生积极的影响。其生理机制在于，由于身体肌肉的工作，它会在神经中枢的相应部分留下兴奋性增加的痕迹。

（2）准备活动的生理作用

第一，达到提前克服内脏生理惰性的目的。热身活动应改善氧气输送以增加肺通气量、氧气的量和心脏的表现，有效减少氧气进入身体所需的时间，以便身体在正式开始训练时尽快发挥其全部潜力。

第二，在热身时，要适当增加中枢神经系统的兴奋性，增加内分泌功能，促进参与活动的中心之间的协调，使生理功能在正规训练中得以快速进入最佳状态。

第三，热身活动应使体温适度升高，增加身体的新陈代谢，使运动更容易进行。

第四，热身活动可以有效预防运动损伤。体温升高可以降低肌肉粘度，增加肌肉柔韧性和柔韧性，这将有助于防止运动损伤。

第五，热身活动可以增加皮肤的血流量。这样更容易散热，防止在正式运动时体温过高。

第六，热身活动可以控制不良的锻炼前条件。

（3）影响准备活动生理效应的因素

准备活动的时间、强度、内容、形式，以及与正式练习之间的时间间隔等，这些因素都能影响准备活动的生理效应。

（二）进入工作状态

1. 进入工作状态的生理机制

（1）内脏器官的生理惰性

在田径运动中，必须调动五脏六腑，以满足身体肌肉和新陈代谢的需要。内脏的生理功能调动相当缓慢。

①与身体的运动神经相比，对内脏自主神经的刺激要慢一些。

②通路中有许多突触连接，因此，调动内脏功能需要很长时间。

③人体肌肉骨骼系统的活动主要是由于神经。而内脏器官产生的神经和激素活性的持续调节更为重要。后部内脏及其功能状态变化和适应过程相当缓慢。

（2）反射时间

反射时间是暴露于刺激受体后发生反应所需的时间。这是人体的一种反射活动。这是在中枢神经系统的控制和整合下发生的。反射活动需要时间和练习才能完成。反射活动越复杂，运动就越困难。

2. 进入工作状态的常见现象

（1）极点

在高强度、剧烈运动期间，例如在长距离运动中，运动开始时的内脏活动可能与进行运动的器官的需要不匹配，并且通常会出现神经反应及非常糟糕的生理反应，包括呼吸困难、胸闷、头晕和肌肉无力。

供氧量最大值与内脏的惯性有关。耗氧量在运动开始时每分钟增加，无法适应肌肉活动的需氧量，导致体内缺氧或乳酸堆积，血液呈酸性。内部环境的这种变化不仅影响神经系统和肌肉的兴奋性，也会引起呼吸和血液循环的反射。这些屏障的强烈刺激被传递到大脑皮层。运动的定性动机暂时被破坏了，训练强度要暂时降低。

（2）第二次呼吸

在田径赛场和跑步机上长跑时，如果在极端情况后有意继续锻炼并调整节奏，一些副作用会逐渐减少或消失。此时，呼吸变得平稳自由，动作放松，充满活力的运动员可以在更好的工作条件下继续训练。

还有继续锻炼第二呼吸的理由吗？逐渐克服五脏六腑的惰性，到了一定时期，供氧量逐渐增加。训练速度暂时降低减少了每分钟运动的需氧量。因此，身体的缺氧状态逐渐减缓，内部环境改善。呼吸和循环系统的功能活动得到改善。第二次呼吸的出现标志着身体结束进入功能状态，人体的各种功能动作开始进入稳定状态。

"极端"反应的强弱和"第二次呼吸"的存在与运动性质等因素有关。

一般而言，强度更高、持续时间更长的体育活动，会产生更剧烈的反应，运动员的技能越低，极点出现的速度越快，反应越强烈，稍后出现第二次呼吸。

减少严重反应最重要的措施是通过良好的预应力条件和适当的准备活动，提前克服内脏的生理惰性。这降低了剧烈反应的程度。在极端情况下，继续使用深而正确的呼吸进行锻炼；控制运动强度将减少剧烈反应并鼓励第二次呼吸的发生。

3. 影响进入工作状态的因素

运动员的身体在田径比赛开始时进入工作状态的速度越快，这种可能性就越大。进入工作状态所需的时间在很大程度上取决于训练类型、强度等因素。良好的预应力状态和充分的热身运动可以减少身体进入状态所需的时间。

（三）稳定状态

1. 真稳定状态

在田径场上进行中低强度的长期锻炼，进入工作状态后，机体的摄氧量能够满足其需氧量，而且各项生理指标还比较稳定，这种状态称为真正的稳定状态。在真正稳定的状态下锻炼时，大部分能量来源是有氧代谢，很少引起乳酸和缺氧。运动员有更长的锻炼时间，可以长达10分钟或几小时，体内氧气输送系统的功能更加强大。

2. 假稳定状态

在田径运动中，在高强度运动和长时间进入工作状态后，身体的摄氧量已经达到并稳定了最大摄氧量，但仍不能满足身体的需氧量，运动期间氧气继续增加，这种状态称为伪常数状态。在静止状态下进行田径运动时，心率心跳、肺通气量等负荷相关生理指标已达到极限并稳定，但由于身体供氧不足，无氧代谢能量供应导致乳酸水平升高，血液pH值降低，氧气逐渐积聚，运动时间无法维持。

二、田径运动对人体健康的作用

田径运动对人体健康的作用主要表现在以下5个方面。

（一）田径运动对呼吸系统的作用

人体呼吸系统包括鼻子、喉咙、气管、支气管和肺，经常参加体育运动是改善呼吸功能最有效的方法之一。

运动在呼吸系统中的作用主要体现在以下两个方面。

1. 可提高呼吸的效率

人体平均呼吸是浅而快的。平静时每分钟大约需要12~18次呼吸。虽然锻炼者倾向于每分钟进行8~12次缓慢的深呼吸，这让通气肌肉有更多时间休息。参加体育运动的人呼吸中枢的兴奋度往往更高，并且对血液化学成分的变化更敏感。呼吸暂停所需的时间长短是评估组织呼吸强度和呼吸中枢对缺氧和二氧化碳增加耐受性的重要指标，运动还可以提高人体的耐缺氧能力，并且可以在缺氧条件下在复杂的肌肉活动中持续存在。

2. 可增强呼吸肌的力量

田径运动可以增强呼吸肌。增大的胸部促进肺组织的生长发育和肺的扩张。例如，在长跑期间，这会增加肺活量。为了满足人体各组织的需氧量，必须增加呼吸深度，同时增加呼吸频率。肌肉可以在连续运动中呼吸。呼吸肌（胸、肋间肌、腹肌等）的流速会增加，呼吸肌会更加发达。胸部会变大，呼吸肌的活动自由度也会增加；一个人的平均呼吸差为5~8厘米，而经常运动的人的呼吸差会增加到9~16厘米，这样空气就会更顺畅地充满肺部。

（二）田径运动对神经系统的作用

人的神经系统分为两部分：中枢神经系统和周围神经系统。中枢神经系统与其他器官有着非常广泛和复杂的联系。人体通过周围神经系统在维持身体环境的稳态方面起着重要作用，保持身体的完整性与和谐性，以及与外部环境的协调与平衡。

1. 提高体温调节中枢的机能

经常参加田径运动可以提高神经系统在运动过程中的适应能力。尤其是人体体温调节中枢的功能。在寒冷的环境中训练，由于下丘脑发热中枢的激发，增加了人体的热量产生，同时皮肤血管变窄，减少了热量散发。在炎热的环境下运动时，由于下丘脑发热中心的工作量增加，身体会释放更多的热量来维持正常体温。这增加了身体抵御寒冷和炎热的能力。

2. 解除精神疲劳，提高睡眠质量

参加体育运动的人往往会从脑垂体中产生一种叫做 P-内啡肽的物质，它可以提高对疼痛的耐受性、缓解紧张、降低血压、抑制食欲，使人心情愉快，身体健康。运动还可以有效促进睡眠。

3. 使人头脑清晰、思维敏锐

大脑的重量仅占体重的2%，但是需要的氧气来自流向心脏的总血流量的20%。这比肌肉训练多出15%~20%的血量。运动可以改善大脑的血液和氧气供应,并有助于大脑皮层的兴奋性。田径和轻度运动也强调肌肉活动,所涉及的肌肉必须有规律地以协调的方式收缩。这需要的不仅是强壮的肌肉。这些过程实际上是在神经系统的控制和监督下发生的。这对神经系统来说是一个很好的练习,并提供有针对性和可控的刺激和抑制。这体现在刺激增加,更好的平衡和灵活性,更短的反应时间,改善大脑和神经系统功能,经常锻炼的人往往很活跃、积极、精力充沛和足智多谋。

（三）田径运动对消化系统的作用

1.增进肝脏的健康

肝脏是人体最大的腺体,也是重要的消化腺。经常参加体育运动会改善肝功能,有利于消化。在运动过程中,能量糖材料的消耗增加,因此,肝脏的"后勤供应"变得难以进行。运动中的运动员肝脏中的糖原储备比正常人多,并且它们在运动过程中运输速度更快。肝糖原对肝脏健康非常重要,可以保护肝脏。

经常参加体育运动的人,肝功能更高,抗病能力更强。此外,经常锻炼的人在肝糖原的使用方面更经济。可见,体育运动能有效改善肝脏健康。这将提高人们的锻炼能力。

2.促进食物的消化和营养物质的吸收

胃肠道是人体最重要的消化食物的器官。胃肠道的消化能力对身体的健康有着巨大的影响。有规律的体育运动使消化腺产生更多的胃液,加强胃肠道的蠕动,改善胃肠道的血流量。通过这些变化,营养物质的消化吸收更加彻底和顺畅。运动时,膈肌上下运动,腹肌运动较多,对消化系统有按摩作用,对提高消化道的消化效率有有益作用。

（四）田径运动对运动系统的作用

运动系统是提高人体柔韧性的基础材料。人体运动系统基本上由肌肉、关节和骨骼3部分组成。肌肉骨骼系统的主要功能是帮助人们完成基本的活动。适当的运动会改善和加强人体的肌肉骨骼系统。

1. 田径运动对骨骼的作用

经常参与田径锻炼，可以增加血流量并刺激新陈代谢，可增厚骨骼，增厚皮质，增加小梁密度，使骨骼更强壮。此外，当经常参加体育运动或锻炼的人因受伤而骨折时，愈合的速度比常人要快。然而，运动对骨骼的影响有一些局限性。投掷者四肢的变化更加明显。可以看出，要改善整个骨组织的结构和功能，需要进行大量的运动。田径运动对骨骼的影响也与年龄有关。生长发育期间经常锻炼可以促进骨骼的生长发育，如长跑、投掷等运动往往促进心肺和长骨的发育。运动还可以保持骨骼的柔韧性。

2. 田径运动对关节的作用

骨骼之间的关节通过韧带连接，以加强关节和附着在骨骼上的韧带。关节是连接骨骼的中心。因为肌腱和韧带协同工作，所以运动也有同样的效果。田径运动可以使关节软骨增厚，增加抗压性并加强结缔组织，增加肌腱和韧带的强度，以及与骨骼的连接点。

3. 田径运动对肌肉的作用

参加田径运动可以改善肌肉纤维中的蛋白质合成，使肌肉纤维变粗，肌肉中的营养物质过多。大多数研究者认为，肌肉肥大是由肌原纤维增多引起的，肌原纤维使肌纤维变粗，导致肌肉肥大。除了肌肉纤维中蛋白质含量增加外，肌肉营养中的肥大还与肌浆中肌糖原、磷酸肌酸、三磷酸腺苷等能量物质的含量增加有关，肌肉中胶原纤维的含量大大增加。肌肉肥大可以反映在身体相应部位的周长上，例如，经常练习投掷的人的臂围较粗，练习跳跃的人往往腿比较粗。随着肌肉体积的增加，他的体重也随之增加，一般情况下，肌肉量占体重的35%~40%，经常参加田径运动或运动训练的人，尤其是那些强调静力学的运动，可能肌肉质量占体重的50%以上，肌肉形态和结构会发生变化。它的功能也得到了改进，这主要体现在肌肉兴奋性和柔韧性的提高上。肌肉协调性也得到了显著改善。然而，这些肌肉变化通常以锻炼为重点，例如，频繁的速度锻炼可以提高警觉性和灵活性。举重运动员的手臂和腿部肌肉力量增加，纤维周围开放的毛细血管数量增加确保了运动过程中肌肉细胞和血液之间的气体和物质交换顺畅，可以吸收足够的氧气和营养物质，并可以随着时间的推移排出体外，增强代谢功能。

（五）田径运动对心血管系统的作用

1. 心室容量增大

定期的体育运动可以增加心肌细胞的蛋白质合成。增加心肌纤维的厚度，增加心肌的收缩，这使得心脏在每次收缩时向血管中注入更多的血液，每搏的心跳量增加。

2. 血管壁弹性增强

定期的体育运动可以增加血管壁的柔韧性。这是非常有用的，因为它对人类健康有长期影响。随着年龄的增长，血管壁的柔韧性逐渐下降，容易导致高血压等退行性疾病。田径运动可以增加血管壁的柔韧性，并预防或缓解退行性高血压的症状。

3. 毛细血管大量开放

经常参加田径运动可以促进许多毛细血管的开放。这将加速血液和组织液的交换，加速新陈代谢，改善身体的能量供应。

4. 血脂含量降低

经常进行体育锻炼可以显著降低血脂（胆固醇、三酰甘油等）的含量，改变血脂的质量，有效预防高血压和血管引起的冠状动脉疾病。

第三章
田径运动的训练理论

田径运动训练除了要有一定的训练依据、目标外，还要熟悉和了解田径运动训练的基本理论，以理论指导训练实践，如此才能保证田径训练的科学性和有效性，促进训练水平的提高。

第一节　田径运动训练的发展趋势

中国现代田径运动已有约90年的历史。近几十年来，我国有近30名优秀选手分别创造了男、女跳高，女子中长跑，男子110栏，竞走，撑杆跳高和三级跳远的世界纪录或世界青年纪录，培养出一批在世界影响较大的运动员，如郑凤荣、朱建华、王君霞、刘翔和刘虹等，同时也造就了像黄健、胡鸿飞等一批世界著名教练员。目前，田径训练的主要发展趋势可以概括为：训练周期的变化；训练负荷的变化；强化专项训练；重视恢复训练；训练负荷系统化（运动员的职业化对训练系统性的促进作用）；加强训练的科学化及重视教练员的培训和提高。

一、重新划分训练周期

传统田径训练，一般将全年分3个大周期，即准备期、比赛期和休整期。准备期主要是冬训和夏训，时间比较长；比赛期主要是春、秋两季为数不多的几个比赛；休整期就是全年比赛结束后的过渡。对于这种安排，运动员和教练员普遍感觉存在一个问题，即冬训一般是从每年10月中旬开始，到了春节前后，运动员身体疲劳的程度会达到最深，每到这个时候，身体能力往下走，训练、强度和质量也往下走，对后续训练影响较大。

随着现代科学技术的发展，训练周期观念已发生变化，即摒弃传统的长时间大周期训练，采用小周期，避免疲劳积累太深。

①田径比赛不受季节、天气、场地天气条件影响。即使在严寒的冬天，它也可以在室内举行。

②准备时间通常从10月缩短至次年1月初，并且经常进行准备3个月左右，训练时间只有1/4~1/3，大部分时间花在提高专项练习效果的专项准备练习上。

③延长从室内比赛到室外比赛的过渡期。因此，户外比赛的持续时间大大增加。在每年1~3月和5~9月的两个时期内，运动员始终可以按照自己的计划进行，随时选择要参加的锦标赛以更新训练比赛之间的关系，以起到调节训练，提高训练质量的作用。刘翔等优秀运动员的训练也证明小周期训练安排的优势是显而易见的，如2007年刘翔的训练安排，冬训已两个月了，按照常规或其他人的规律，疲劳已经很深了，不可能在专项训练上达到很高的强度水平，而刘翔的专项训练之一7.5米栏间距的全程跑，过去的最好成绩是9.02~9.03秒，完成此轮训练后为8.92秒，整整提高了0.1秒。

二、训练负荷的变化

强度训练设计是现代田径训练中训练重量科学合理设计的新概念，甚至在准备期间也有一些高强度的练习，尤其是技巧和速度，同时爆发力的训练，训练的时间和负担有所减少。

训练的变化，尤其是训练负荷的变化大部分反映在训练强度上，而不是训练量，这是最重要的特征。

三、强化专项训练

现代田径训练的第三个发展趋势是加强专项训练。此外，考虑到精英运动员的训练，他们的安排将被组织起来，以使他们更直接地适应比赛的需要。具体做法的选择强调小而精、优的原则。有些人对运动量没有深入全面的了解，做了更多的单方面训练和重复训练，但它并不总是能产生好的结果。训练理论和实践证明，只有在训练过程中不断增加某项运动的比重，才能加深运动员的身体素质，提高训练适应度。在增加训练量的过程中，必须很好地调节训练量与强度的关系。

训练实践表明，下列3种训练安排具有同样效果。
①以每次100%强度每周训练1次，每次15分钟。
②以每次75%强度每周训练3次，每次60分钟，总时间为180分钟。
③以每次50%强度每周训练5次，每次120分钟，总时间为600分钟。

四、重视恢复训练

1. 运动后的尽早恢复

一个方程式在国际上很受欢迎：刻苦训练+恢复=成功。这表明恢复和训练结果是成功的关键因素。今天，国际精英运动员利用一切条件加快这一进程。振兴和利用包括身体因素营养因素和环境因素在内的各种因素来鼓励运动员在运动后更快地恢复体能。

2. 选用药物恢复的原则

恢复的三种主要方法是休息、睡眠和饮食，现代田径运动的发展趋势以医学为中心。

3. 其他恢复手段

重视推拿、理疗、针灸、气功等医学和生物康复方法，运用教育学等方法，放松训练、多注意休息，加快恢复。简而言之，身体因训练而产生的反应过程、恢复过程是一个完整的训练过程。运动、训练或比赛后恢复不当导致下一次训练或比赛失败。如果不及时调整，这也会导致运动员出现病理性病变。这就是为什么应该创建现代培训概念。

五、训练负荷系统化

随着世界田径和田径商业化的到来，国际田联也放宽了对运动员参赛资格的限制，大大增加了职业运动员和职业田径运动员的数量，极大地促进了田径运动的提高。运动员的专业精神加强了训练的连续性和系统性，提高了训练效果。

六、训练更加科学系统化，世界纪录不断更新

在现代田径运动中，运用了最复杂的科技手段，例如，利用计算机控制运动强度，用各种工具检查运动员的表现和身体素质的发展水平，使用高速摄像机和视频进行分析和技术运动，研究和使用专业设备来培养特定技能。在竞技运动员和马拉松运动员的中长距离慢跑训练中，还科学地进行了高原训练。因此，运动员的专业精神和科学训练体系的组织，显著提高了训练效果。

当然，田径场馆的现代化，评估中广泛使用先进技术和电子仪器，也为提高体育赛事水平创造了条件。

1990年以来，田径水平发展迅速，全球竞争激烈，而且世界纪录也在不断更新。40多种田径项目打破了多项世界纪录。越来越多的女性世界纪录诞生。这些女子创造了多项新的世界纪录，包括中长距离短跑、400米跨栏、竞速短跑，以及最近增加的三级跳远和撑杆跳。❶

第二节 田径运动训练的理论与方法

一、田径运动负荷理论与方法

体育锻炼是运动训练的主要方面。训练与负荷密不可分。刺激身体的运动负荷，使身体反应灵敏，促进运动员身体机能和心理能力的改善。可以说，运动是引起身体变化、训练结果、提高运动成绩的根本要素。没有压力就没有训练，没有消耗就没有增长。

优化表现取决于是否充分利用运动员的身体潜力，因此，运动员在田

---

❶ 杜和平，葛幸幸. 田径运动专项理论与实践[M]. 北京：中国科学技术出版社，2019.

径训练中的高强度训练是保证效果的。

在田径训练过程中，不同训练负荷的混合可能会导致相同的体育训练方式产生不同的效果。在运动员成长过程中的每一步训练过程中，不同的训练任务在结构、有效载荷和有效载荷方面都有不同的要求。随着体育赛事越来越多，逐渐成为训练的一部分。因此，整体训练负荷的构成发生了质的显著变化。训练的变化特别是负荷的变化主要体现在负荷的强度上，这是最重要的方面。这些变化值得研究和讨论以获得更好的训练。

（一）田径运动负荷理论的概念

在理论研究中，一个清晰的思路是正确思考的必要条件。只有头脑清醒，才能做出合理的决定并理性地考虑。如果概念不清楚，人们可以适当地分析和调查问题。如果思想混乱，人们无法获得准确而异常的知识。沟通可能会导致误解和疏忽。因此，对训练负荷有一个清晰的认识，将对运动训练负荷理论的研究产生重大影响。

在训练重量的研究中，很多专家和科学家也对训练重量的概念进行了分析，但对运动负荷的基本概念的共同认识尚未建立。

研究表明，目前国内外对身体活动的定义大致如下。"当一种刺激能够产生训练效果时，即创造、巩固或维持一种训练状态。这种刺激被称为身体压力。"马特维耶夫建议，"锻炼意味着与休息相比，身体活动引起的功能活动的附加值。"普拉托诺夫三世认为，"所谓的身体压力应该被认为是必须了解运动员身体中身体活动的过程，才能让他的系统做出积极的反应。"郭嘉兴提出"运动是运动员体内的一种冲动，运动是主要方法"。徐本利提出"运动员的工作负荷与运动员接受某种外部刺激时身体所接受的所有身心刺激有关"。

面对很多运动压力的概念。一方面，这解释了运动压力的复杂性；另一方面，这似乎表明我们现在对运动压力的基本概念有一个非常模糊和相互矛盾的理解。这种概念混淆的可视化是相关文献中用来表达压力水平的术语非常复杂且不一致，因此，在研究过程中没有严格施加训练负荷。人们在学习过程中，会因为对概念的不同理解而产生误解或错误。

虽然应力负荷的概念不一样，但应力结构的解释是相同的。假设训练负荷包括两个因素：负荷量和负荷强度，由此建立负荷和强度之间的关系。

（二）运动负荷的度量方法

运动成绩是训练负荷作用的结果，代表负荷对训练负荷的综合作用。在训练过程中，训练负荷是由训练的方法和方法产生的，作为作用于运动员身体的媒介。仅根据负荷和体重强度来分析运动体重，并不能达到真正揭示运动体重特征的目的。对于大多数运动训练方法，也很难准确分析和测量。科学定义应包括定性和定量两个部分。在我们确定了定性训练的方法之后，再进行定量，我们才能真正理解训练的方法。

（1）运动负荷的定性

训练中运动负荷定性的基本内容包括：

第一，训练负荷的特殊性。训练负荷满足运动员参加的比赛和训练水平的要求，因此，训练负荷可分为特定负荷和非特定负荷。具体练习是提高某些运动表现的直接组成部分。非特定练习是一个间接因素。只有通过特殊训练才能达到高水平。因此，在现代高水平运动员的训练过程中，特别强调锻炼是唯一的选择。

第二，供能系统中运动负荷的方向，决定了肌肉在运动时工作的供能系统的类型。当肌肉工作时有三种能量来源：磷酸原无氧能源、乳酸性无氧能源和有氧性能源。确定供能系统运行方向的性质是负荷应变科学设计的一项非常重要的任务。目前的血液乳酸测定是用来指导供能系统的运转，效果很好，但血液中乳酸的浓度在任何情况下都不会发生变化。如果使用方法和训练方法不符合特异性尚未实现特定性能改进的目标。

第三，动作协调的复杂性。运动越难，身体承受的负荷也越大。确定运动协调的复杂性是身体活动的一个定性特征。在周期性体育赛事中，动作协调的复杂性相对简单，对运动影响不大。练习越复杂，效果越好，身体承受的压力就越大。协调的复杂性客观存在于训练中，必须加以区分以控制训练负荷。

目前，由于体育科研水平和测量技术上的缺陷，对运动负荷进行定性分析还有很大的难度。比如，在对专项性负荷的认识上，哪种练习手段和方法符合专项的特点，哪种手段与方法是非专项性，没有对项目特征的正确认识是很难评定的。目前在这一问题，很多还是教练员经验性的评定。

（2）运动负荷的定量

训练量量化是对特定运动量的度量。对于大多数练习，负荷的量化基于负荷量和负荷强度两个方面。负荷量，包括负荷持续时间、一项或多项运动的负荷量等。负荷强度取决于负荷量，只能针对项目和个人或团体练习评估容量和强度。我们必须意识到，很难估计一次训练课程或周期的综合训练负荷。目前只能评估项目和个人或团体练习的范围和强度。换言之，训练负荷是距离、时间、频率等物理量度，一般综合起来反映一次训练的训练负荷。

训练负荷的高低可以根据两个方面来确定："外部指标"和"内部指标"。"外部指标"经常使用训练方法和方法中广泛使用的测量参数。例如，100米跑10次，举起80公斤的杠铃，总跑步量就是1000米。例如，10次重复使训练的总重量为800公斤。

负荷的"内部指标"是身体对完成的运动的反应。使用内部指标来评估负荷的大小，可以用各种指标来判断。由主要功能在训练结束时显示，例如，在训练期间，运动的大小和类型、心率、呼吸频率、肺通气、需氧量、血液中乳酸的积累和速度等，除上述指标外，负荷的大小也可以通过工作能力的恢复来判断。

大多数体育运动都是人类的适应和生物转化。社会系统、血液、肌肉甚至细胞中的许多变化都是无形的。那么锻炼对吗，好还是不好？教练的经验很重要。并且只有具有多年培训经验的高级培训师才能准确理解。

所有衡量训练负荷的指标只能部分反映负荷的定义，只有少数指标可以反映给定负荷的所有定性和定量数据。很有可能在多年前就应该考虑运动训练过程中的总体影响。准确、合理的负荷测量是科学教育的重要内容和特点。

（3）负荷量与强度的关系

运动负荷包括两个因素：负荷强度和负荷量。负荷强度反映上肢训练动作的刺激强度。负荷量反映了训练负荷在很长一段时间内的练习次数。负荷量和负荷强度是训练中不可分割且相互关联的两个方面。两者相互依存，相互制约，相互依存反映了两者有机的、密不可分的联系，相互制约反映了人体发挥自身的特殊功能。增加负荷能力可以为增加强度奠定基础，并且增加强度可以为增加负荷创造条件，既互补，又不断增加。因此，有逐渐增加训练负荷的趋势。在之前的训练理论中，运动强度与体力活动之间的关系尚不清楚。这导致错误地将运动强度与运动分开，没有关注负荷的强度。片面的建议"强化动作训练"，持续强化训练练习。的确，负荷的强度和大小都是有机的。

在当前田径运动的发展趋势中，强调的是运动强度。但这个重点是核心。它还可以在高强度训练条件下进行，例如，中长距离跑步时。目前中长距离跑的稳定性已经到了极限。只有通过强调压力的强度才能更好地发挥射手的最大压力潜力。研究表明，中长跑运动员经过3~5年的训练，不再增加高级运动员的最大耗氧量。并且为了进一步提高效率，需要厌氧代谢的某些因素。

（三）运动负荷安排的特点

田径运动是一个体能问题。提高身体素质有赖于充分展现运动员的身体潜力。对抗性高，现代竞技的特点越来越明显。并且竞争密度高。这就要求射手能够在高强度下连续战斗，持续战斗的能力很难提高。赛前进行低强度或高强度的运动，因此为了提高成绩，运动员需要进行高强度的运动。

现有运动训练方案最明显的特点是重量的强度。尤其是增加负荷的特定强度，孙海平教练之所以取得优异训练成绩的主要原因之一是他的训练建立在以强度为中心的平台上，可以进行高效、全面的训练。每一个运动，每一个方法都是高强度的，每一天都是高强度的。从热身到特殊练习再到体能训练，一切都是为了集中注意力。

从注重负荷强度到重负荷、高强度训练，再到刘翔的高强度专项训练法。我们清楚地看到了运动负荷的发展趋势——高强度专业负荷。这种具有额外压力的高强度训练方式，在很大程度上符合现代田径运动的发展要求。这与当今许多田径运动专家和科学家所说的一致，即强度是训练的精神。

现有田径举重的特点是高强度的额外负荷。田径运动是对人体的适应。甚至结构性变化发展这种适应过程的先决条件是适当的锻炼设计。对于高个子运动员低质量训练的积累对提高运动成绩几乎没有影响。只有增加负荷的高强度训练才能有效提高运动成绩。

运动负荷的组成部分是负荷量和负荷强度。它是培训计划的主要内容，也是培训师每天考虑最多的内容。今天练习什么？应该练习多少？应该用什么来完成这个数字？体重增加运动的刺激按计划进行。运动员的神经和肌肉会产生自然和自动的反应，重复这种负荷的刺激，多次让运动员逐渐适应。如果这种压力刺激在较长时间内多次发生，它就会形成一种适应性强且稳定的结构。在田径训练中，通过设计内容、方法和训练方法，让运动员在实战中获得所需的特定训练重量刺激。运动员会不断适应这种强度，逐渐做出适应性改变。结构稳定性和激烈或高强度的竞争，神经肌肉的适应性结构取决于竞争的强度和在竞争中的相应表现。

按照传统的训练规则，冬季训练涉及很多运动，但都不是很激烈。在时间结束前的某个时刻，训练变得更加激烈。这种训练模式通常被视为一个级别。比赛中的表现，主要依靠比赛间隔时间的短高强度训练。人类生物适应的改变需要时间。反复刺激后可形成稳定的结构。如果没有稳定的结构，就无法在游戏中显示稳定的结果。对于传统的大容量、低强度训练模式，孙海平预见到了自己作为运动员的训练经历的危险性。他认为这种训练方式有五个主要危险：一是容易疲劳。运动员不能忍受缓慢的消耗。肌肉不疲倦，神经也疲倦；二是无法对特定事件产生有效刺激；三是不利于形成稳定的竞争状态；四是不利于特殊阶段的发展；五是会受轻伤。

参与已成为提高训练强度的重要手段。这是因为在训练期间很难形成真正的竞争强度。世界上占主导地位的田径运动每年进行10~20场比赛，全年表现相对稳定。由此可见，他们全年的特殊压力强度都非常高，常年处于高端竞争平台上。

（四）对合理安排运动负荷的建议

合理管理训练负荷的目的是根据目标取得优异的成绩，在训练中要根据各项运动的特点来分配训练负荷。培训中选择的内容和压力负荷方法应该对具体表现的提高和适当结果的实现有直接或间接的影响。

了解运动员准确负重的能力。培训安排因人而异，在培训中工作的每个人都知道这一点。世界领先运动员的体重测量定制得到国际运动训练界的广泛认可。运动员的个人特征包括性别、年龄、比赛水平、身心特征、身体状况等，运动负荷该协议有不同的特点。

了解负荷和休息之间的关系。在一定范围内，运动负荷越大，消耗越剧烈，恢复过程就越长，超量恢复也越明显。因此，运动负荷可以提高运动员的表现。了解训练中的关键时刻很重要。训练后该什么时候休息，疲劳时该什么时候调整，必须准确记录。

二、田径运动周期训练理论

周期性训练理论出现后，这一理论成为东欧、亚洲和西欧许多国家体育实践的主导理论。它被广泛用于不同国家的运动训练。并成为最重要的理论基础。由于受前苏联的影响，周期性训练理论在体育理论和实践中占有重要地位。自从这个理论在20世纪60年代中期提出以来，我国的竞技体育训练特别是竞技体育的实践。它主要是由这种意识形态开发、管理和运作的。这一理论被中国教练员和运动员广泛使用。

一直到目前，我们都是在这一理论的指导下进行运动训练实践工作。由于周期训练理论是以体能性项目的研究为基础建立起来的，因此对田径运动的指导作用就更有研究意义。

（一）田径运动周期训练理论的依据

运动训练周期理论实际上指导的是年度训练计划的安排。以负荷量和负荷强度、一般身体训练和专项训练在不同训练周期安排不同比例为特点构成了他的周期训练理论，田径运动竞赛系统也带有明显的年度周期性特征.因此，人们通常以年度周期作为组织运动训练过程的基本单位。

每年的周期分为常规年和重大比赛年，取决于是否有奥运会、世锦赛等重大赛事。也可以细分为恢复训练年、基础训练年和年度改进训练年。定期培训的主要依据如下。

比赛状态形成的规律。运动员的最佳动力状态是通过在每一个新的比赛水平上的持续训练而达到的。比赛状态的主要评价指标是比赛中的运动表现，更多的运动表现可以达到或接近运动表现的最高水平，比赛状态就越好。其周期性阶段是周期性划分的自然基础。发展的过程有三个交替的阶段：获取阶段、维持阶段（相对稳定期）和暂时消失期。训练周期因此分为以下三个阶段：准备阶段——创造竞争状态；比赛间隔——保持竞技状态，体现竞争力；过渡期——保证活动性休息以保持特定的运动水平。为了研究高级运动员年度竞技状态的变化，马特维耶夫收集了来自田径、举重、和游泳。划分一年周期分为三类：单周期、双周期和三周期。最佳竞技状态是指运动员为出色的运动表现做好准备的理想条件。竞争状态的形成主要是通过控制训练过程来实现的。运动员只有在比赛时间内达到最佳比赛条件，才能取得优异成绩。这也是运动训练的最终目的。大多数运动员良好的比赛条件表现在：恢复过程缩短；显著改善特殊活动所需的运动感；扎实的技术，动作精准协调，发力好，情绪高涨，比赛欲望高。当运动员的上述特征在一定时期内通常保持在较高水平时，运动员被认为处于最佳竞技状态。

竞赛项目日程的安排。科学、合理地安排和有效地控制运动训练过程，以使运动员创造优异的专项成绩，这是周期训练的目的。运动训练的根本目的是要在比赛中创造优异的专项运动成绩，因此竞赛项目日程的安排对我们划分训练周期具有重要的参考价值。比赛计划会影响训练课程的具体持续时间。因为这个时间表决定了正式比赛日期。因此，确定了组织培训时要考虑的时间间隔，并在全年的田径和野外训练中将其他训练课程的持续时间限制在一定程度上。比赛应根据重要性进行分类，并根据训练时间的性质进行分配。准备期间应具有明确的训练目的。

(二）田径运动周期训练理论研究述评

"周期训练"理论是前苏联著名学者马特维耶夫提出的。

马特维耶夫的周期训练理论一经发表，就得到了许多运动训练理论工作者和教练员的认同，并在实践中广泛应用。近年来，由于受到商业化、职业化的巨大影响，高水平运动员参加各类商业性比赛和其他比赛的次数较以往成倍增加。在田径项S中，许多国际级的优秀运动员一年参加各种比赛最多达50次，全年几乎没有"比赛淡季"，这样就要求运动员长时间地保持良好的竞技状态，连续地参加比赛，并创造优异成绩。

20世纪80年代，一些西欧科学家对马特维耶夫的循环训练理论中的一些理论提出质疑，认为传统循环训练理论不适合指导精英运动员的训练和比赛，仍然适用于当今竞技水平仍处于水平的运动员。马特维耶夫正在研究高度集中以提高比赛水平，结果是训练时间更短。英国教练弗兰克指出，来自苏联和西欧的男子中长跑运动员在过去30年里没有打破世界纪录，夺得过奥运会金牌。这可能涉及使用传统的运动训练分期理论来指导锻炼。德国训练专家施纳认为，运动训练安排的理论自1964年首次引入以来没有改变和发展。然而，顶级体育领域发生了重大变化。因此，他认为应该改革传统的年度周期理论，以满足现代竞技体育不断发展的需求。在前苏联，前国家体育委员会副主席库列索夫公开宣布，在参加高水平比赛时，不应遵循马特维耶夫教授过时的训练管理理论，而柯米伦伯克的实验研究表明，应该遵循马特维耶夫的理论。周期训练中建立的阶段训练法没有表现出特别的训练效果。许多非洲长跑运动员的伟大成绩并非来自对间歇训练理论的理解，但是因为他们不知道这个理论，也没有在实践中应用它。

我国学者对周期理论质疑的研究主要有：梁国强、欧阳梅紧紧围绕科学和实际对周期训练理论基础原理进行了深入剖析，揭示出周期训练理论的基础原理是与科学和实际严重相背离。陈小平认为，马特维耶夫的周期性训练"模式"不适应当前田径运动大幅增加的发展趋势，不利于运动员专项技能的发展，导致我国运动项目长期停滞不前的原因不仅仅是某些训练方法和方法的落后，但也缺乏对一些突出的培训理念和思想的思考。吴毅指出，这种做法打破了传统的竞技循环训练理论，"以赛促训，以赛促训"已成为新的发展趋势。石瑜说，1990年，正常训练的观念得到了彻底的提升。张世林等人声称："周期性训练的理论应该被打破。传统的周期性训练理论已经不再适合新竞争制度的要求。"

  20世纪80年代，前苏联体育训练理论与实践专家不断提出自己的理论观点。其中博伊科和维霍斯汉斯基理论最为系统和具有代表性，博伊科认为年度培训计划的短期形式优于年度长期形式。在年度运动评估中增加运动强度有助于提高运动表现。然而，低强度的负荷会影响运动员机体的适应能力，还需要恢复。建议比赛中短时间、高强度的负荷对运动员的身体产生最大的刺激。以达到调动运动员全部潜能、取得佳绩的目标。

  维霍斯汉斯基基于生物适应理论的"碗"训练模型。将运动员的训练过程理解为一个适应性循环过程。并将这个过程分为三个步骤：第一步是特殊的基础训练步骤，主要任务是开发特殊比赛所需的运动潜力。第二步是特殊训练步骤，主要任务是使运动员能够充分发挥他们增加的运动潜力，并通过竞技锻炼来表达自己。第三步是重要的竞争阶段，主要任务是在重要比赛中提高运动员的运动潜力。维霍斯汉斯基认为他的理论最大的创新在于比赛和训练最初是集体的。比赛不是将两者分开，而是整个训练调整过程的延续。比赛对运动员来说非常重要。为提高运动成绩创造了强大的动力，在附加基础训练阶段和主跑距离之间增加了一个额外的训练距离。这取决于比赛的重要性和比赛的持续时间。调整这三个步骤的持续时间。实现让运动员常年展现更好竞技状态的目标，确保运动员在重大赛事中获得最佳竞技状态。针对比赛次数不断增加的问题，中国体育教练专家田麦久教授提出了一种新的剧场形式，将小回合和规则周期巧妙地协调起来。

  目前学术界关于继续教育理论的争论十分激烈。近年来，在科学论文中发表的关于周期性训练理论的大量研究证明了这一点。1994年初我国的体育教练专家姚颂平，马特维耶夫教授的学生，曾撰文质疑或否定马特维耶夫的间歇训练理论。从表面上看，训练过程或训练负荷管理的各个阶段的差异是显而易见的。会发现差异的关键问题，专注于竞争状态的传统理论，并认为它会产生差异。主要原因是这些学者对学术思想本质的理解只有马特维耶夫教授的一半了解。来自乌克兰的普拉托诺夫也写了一篇论文证实了马特维耶夫的理论。他认为这个理论的历史作用是不可否认的，现在另一种观点就是马氏理论的发展和延续。

（三）田径运动周期训练年度安排要点

深刻理解重点比赛，接受大型比赛能取得好成绩的原因。安排了主要和一般比赛，同时根据比赛条件发展的规律，对全年的训练和比赛进行有意义和合格的设计。每次体育赛事的举办，世界上最好的运动员都会来，这表明精英运动员的训练周期总是围绕着关键的比赛目标来组织的。

比赛和训练结合以检验他们的训练结果。查找错误，在下一个培训课程中专注于培训，并在重要比赛中取得好成绩的同时，每一轮的训练内容也融入了比赛中。比如，上面提到的刘翔第一轮，因为他参加了室内比赛。因此，强调速度训练的训练内容。并且未来速度提升中的训练特征很紧。训练组合提高了训练的相关性，并与下一轮建立了良好的关系。有利于系统的、有节奏的和周期性的训练。

重点发展具体技能训练内容，无论是体能训练还是技术训练。它必须与特定项目的利基密切相关。训练与比赛相结合训练是为了比赛和训练提升比赛。比如，第二阶段，根据刘翔的实际情况，将国内的一些比赛直接组织成训练计划。比赛作为一种训练方法，可以增加特殊事件的强度。这将在接下来的比赛中有用。

注意周期之间的收敛性。在进行年度培训周期时，会全面考虑一年中的不同阶段。

（四）对合理制定年度周期安排的建议

由于经济社会的发展，现代竞技体育环境得到了很大改善。群众对体育文化的需求增加。这导致了竞技体育社会化、产业化的发展趋势，竞争力大大提高。因此，在同样的基础上，体育教育理论也发生了许多变化，但教育学说的一般原则仍然有效。大多数教练应该明白规律运动理论对运动训练的重要性，适应现代赛制变化，训练者应以周期训练理论为指导，合理处理比赛与训练的关系。

遵守竞争状态形成的规律。每一项伟大的体育成就都需要良好的表现。竞争的形成和发展有其自身的规律，但要在培训过程符合法律的情况下。因此，良好的锻炼可以提高运动员的训练水平。

请注意竞争重要性的差异。随着运动场和世界级课程的日益普及，运动员面临越来越多的竞争。比赛的持续时间越来越长，休息的时间越来越短。尤其是6~8月的主季，欧洲几乎每天都在举行各种级别和级别的田径比赛。鉴于这种情况，我们全年是否提供十几个主要培训周期？在这个问题上，马特维耶夫教授在1977年初、1984年、1991年和1993年都强调，要求运动员在"百忙之中"的所有比赛中都取得优异成绩，以确保运动员达到最佳竞技状态，进行重要比赛是不明智的。

我们不应该一味地关注比赛。我们首先要区分竞争的轻重缓急。并考虑哪些锦标赛在哪一年最重要，哪些是一般的练习比赛，然后是总体目标。这是在年度重大比赛中取得出色运动表现的原则。其余比赛以不同的优先级区分，具有不同的目标。同时，应根据竞争状态发展的统一性，适当提供全年有针对性、有选择性地进行训练与比赛，"训练与比赛"创造竞争，参加重大比赛并实现年度目标。训练年可根据其重要性分为奥运年和非奥运年。

在竞争日益激烈的今天，有必要定期总结实践。在实践中，培训师既有定期培训的成功经验，也有失败的教训。成功的教练是宝贵的经验。加强一份成功的教练简历附带实用的建议。在周期性学习理论的发展中有必要尝试在继承的基础上发展周期性学习理论并不断地将其添加到理论中。将离散课堂实践的成功经验提升到理论层面，为更好地发挥课堂实践的引领作用提供了重要的指导原则。因此，有必要对实践进行及时的概述和理论介绍。

三、田径运动专门训练理论

在田径运动训练中，专门训练已经成为当今高水平运动员训练的趋势。尽管整个训练过程包括的内容、类别很多，但所有的训练都要以专项为中心。这也是当今高水平运动员训练的趋势。

（一）田径运动专门训练理论的依据

专门训练理论的含义是指在运动训练中，所有的训练目标、任务、方法、手段和负荷等均要求围绕专项竞赛来考虑和安排。专门训练是现代田径运动发展的必然趋势。现代高水平的田径竞赛，结果往往以微小的优势取胜，体现出紧张激烈的专项竞争对抗性特点。

（1）生物适应性规律

人体生物适应性规律是专门训练的理论基础，决定了我们在训练过程中的基本要求。根据适应规则采用特殊的训练方法，在训练过程中尽可能地组织训练。运动员将不断适应这种身体运动形式，逐渐对肌肉的适应性结构和满足其特定要求的稳定肌进行适应性改变。运动员在常规训练中未触发专项训练内容或训练时间不足，这种状态不会创建稳定的结构，也无法获得一致的竞争结果。因此，重要的是要密切关注训练，并根据比赛的需要创建可以在日常训练课程中进行调整的训练结构。

（2）运动生理学依据

从运动生理学角度对供能系统进行专业培训，培训的目标之一是提高人体自身供能系统进行特殊锻炼的能力。运动期间的整体速度和能量数量取决于所有特定项目的性质。最重要的是活动的强度和额外的时间。对于周期性项目运动员来说，在训练过程中特定技能、速度和强度保持不变的情况下，能量消耗保持稳定。因此，只要训练强度、时间和肌肉活动模式在训练期间保持不变，生理和生化机制就保持不变。从生理学的角度来看，骨骼肌的收缩完全由控制它们的神经控制。随着运动的移动，神经肌肉连接也会发生变化。站立时，双腿分别为75%肩宽、100%肩宽和140%肩宽，保持杠铃重量不变，最终的结果是臀大肌和大腿中部肌肉的活动明显受到影响。

（二）田径运动专门训练的确定

（1）专门训练的训练学因素

专项运动成绩取决于专项运动速度。所以，必须根据影响专项运动速度的关键因素来确定和认识采取的手段与方式是否符合专门训练的要求。运动员最后所获得力量或速度水平最终还得用到专项中去，因此训练中一定要考虑训练采用的手段是否有利于专项水平的提高。

（2）专门训练的能量供应特点

在径赛等周期性运动项目中，经常以运动中的能量供应特点来确定是不是专门训练。激烈运动时身体的能量供给可分为三种类型：无氧能量供给，无氧和有氧能量混合与有氧能量供应。无氧能量供给分为两大类：ATP-CP直接电源和无糖糖酵解电源。不同的运动有不同的能量供应方式。运动中的供能并不是唯一的方式。作为教练，需要在获胜的关键时刻清楚特定运动的电源模式或电源模式。如百米跑，身体的动力主要依靠三磷酸腺苷（ATP）和磷酸肌酸（CP），这是主要的能量来源。因此，人体对ATP和CP的储备，以及两者之间的代谢能力，为最大工作速度提供了生理生化基础。研究表明，随着训练过程中速度的提高，肌肉中的ATP和CP储备也会增加。

在激烈的400米和800米比赛中，大部分能源依赖糖的无氧酵解供能。除了为ATP-CP系统提供能量外，因此提高400米和800米跑的运动成绩对于提高运动员的糖酵解和身体代谢至关重要。提高糖和训练重量、训练次数、休息间隔和其他训练负荷组的无氧糖酵解能力密切关系。合理的负载搭配可以有效提高运动员的短期糖酵解供能。运动重量的组合取决于教练的训练类型。

（3）肌肉工作与技术动作特征

在不同的运动中，特殊训练时肌肉的表现特征与特殊技术动作的特征不同。这是思考特殊训练的最重要的基础之一。特训必须与实战相结合。特殊训练的设计尽可能与特殊动作相匹配是非常重要的。我们应该充分了解，动能训练既是一种训练方法，也是一种锻炼方法。一方面，练习某些动作是一种质量的提高。另一方面，它是特殊技术的组合。因此，有意义的动作设计一石二鸟：作为教练，如果不了解和控制某项运动的肌肉行为，就不可能深入了解某项运动的项目性质。极其盲目地制订训练计划和应用，使训练不会再有任何改进，不会达到一个较高水平。

（三）优秀运动员专门训练的意义

（1）专门训练有利于优异成绩的尽早出现

在当今世界田径界，凡是明星都在青年时期就达到了很高的水平，甚至是世界青年纪录创造者。英国的110米栏运动员杰克逊19岁就达到了世界水平，22岁打破世界纪录，32岁仍保持世界前三名的水平。古巴小将罗伯斯18岁就获得世青赛的亚军，20岁就曾排名世界第一，不到22岁就打破世界纪录。我国运动员刘翔也有高起点的特征，才在日后的比赛中达到高水平。这些都说明没有长时间系统的专门训练，他们是不能这么早就达到这种高度的，全面的专门训练是他们取得成功的关键。

（2）专门训练是田径运动成绩提高的保证

著名的苏联跳高运动员布鲁梅尔是按照苏联模式训练的，即在广泛的体能基础上，逐步提高自己的特长能力，取得成绩。当时布鲁梅尔的各项素质指标都非常高。打破了他的世界纪录的倪志钦身后有一个质量指标，他征服了特殊学科，掌握了重要的跳跃技巧。朱建华的实力，实在是太弱了，但他的表现比布鲁梅尔高四英寸，主要是因为在特殊活动期间组织密切的培训课程。专注于速度和可达性的完美结合，朱建华的优势在于其高进场速度和逼近速度，尤其是最后一步的逼近速度。对于跳高运动员来说，这是一个非常重要的特征。从能量转化的角度来看，只有足够大的动能才能充分转化为高势能。因此，在训练中，胡鸿飞教练坚持了提高近场最后4步的移动速度和快近跳跃能力的主要思路，带动了与速度素质密切相关的若干指标。

与欧美运动员相比，亚洲运动员在力量和速度方面与欧美运动员存在差距。刘翔也不例外，刘翔的实际速度并不比其他大牌选手好，但孙海平教练却选择了训练机构，进行有条不紊的训练。专项运动训练和一般体能训练齐头并进，完美的组合对他来说尤其有利。除了准备活动，刘翔在训练中从来没有跑过120米，每周只跑2000米。如此大量的训练产生出色的运动表现，全面的专业培训是刘翔成功的重要组成部分。

在田径训练期间，所需的训练方法将突出特殊活动的细节。无论是体能训练还是特殊训练方法都是取得优异成绩的保证。实践表明，要想取得优异的成绩，运动员只需要并能顺利完成特殊训练就可以。这不是一种常见的做法。在理论界，国内外知名学者和学者都有相似的看法。"1950年代，一般体能训练的整体发展完全不同"曾有一位奥运冠军教练解释说，并补充说："对于运动员来说，投掷不再是一般体能训练和特定体能训练的区别。"这体现了训练熟练程度的趋势。

（四）提高田径专门训练效果的方法

（1）正确理解专门训练的目的和意义

专项训练满足田径运动的发展需要。按照田径运动法，满足田径运动发展和田径训练的实际需要。特殊训练可以帮助运动员尽快采取行动，只有正确理解特殊训练的目的，才能确保运动成绩持续提高。因此，按照专项比赛的要求组织训练。包括训练强度、供电方式、肌肉类型、神经等，并且必须适应比赛。在训练期间，可以使用特定的训练方法来提高场上和田径运动中的表现。刘翔的成功就是一个很好的例子。

（2）深刻认识田径运动项目特征

现代田径各项要素的特殊效果达到了很高的水平。为了不断提高训练水平，在锦标赛中取得胜利或创造新纪录，教练员和运动员必须努力工作并具有创造力。为此，教练员必须正确理解田径比赛的性质。创建正确的培训方法理念，找到提高特定绩效的培训路径。设计科学的培训结构、精准选择培训方式和资源，并采取适当的行动预防措施将应对和控制训练负荷，以确保完成训练任务和计划的目标。如果对目训练项目的特点只有一个模糊和肤浅的认识，是不可能制订出有效的训练计划的。因此，训练不当必然会导致运动损伤和过度疲劳。培养有针对性和有计划的运动员的特定技能需要一定的研究和有针对性的训练才能有效。

（3）科学安排专门训练计划

法国对教练员与科研人员的培养很值得我们去借鉴与学习。法国体育学院在对教练员工作的定位上认为教练员应从技术型教练向全面型教练转变。法国青体部技术司司长认为："要把教练员培养成项目的负责人、规划人、项目战略发展的策划者，如同交响乐团的指挥。教练员不仅要负责培养运动员，还要会科研、选材、技术支持等多项工作。"许多法国科研人员都是优秀的运动员，在退休后接受特殊训练后成功转为科研人员，他们了解培训、拥有丰富的培训经验并热爱工作。这种研究人员了解教练和科研人员的训练和工作态度，共同进行深入研究的环境，使得科研训练变得更加完整。

竞技体育的最终目的就是要在比赛中获胜，也就是说一切的运动训练都要围绕比赛进行。越来越多的理论和实践也证明，竞赛成绩的提高必须依赖不断加强的专门训练。孙海平教练在刘翔的训练中坚持执行专门训练，一切训练内容和手段的安排都要对专项有利，特别是一般身体训练与专项训练紧密结合，专项需要什么就练什么，专项不需要的就不去浪费时间，这就是从一开始就围绕专门训练的路子向前走。

然而，强调专门训练并不是说每天练专项技术才是专门训练，而是要强化"专项"在训练中的中心地位，要明确着眼于这个练习手段的目的是什么，是不是和专项有关系，是不是对提高专项成绩有帮助。

田径运动包括走、跑、跳、投，以及由它们的部分项目组成的全能运动，共40多个单项。每个项目的训练方法、训练手段、专项技术、负荷结构、心理特征等方面都表现出与其他项目不同的高度的专项特点。可是我们很多教练员却对田径运动项目的特征和比赛的特点缺乏深刻的认识，造成训练的盲目性。在造就优秀运动员的过程中走了很多的冤枉路，吃了不少的亏。对专门训练理论进行系统的研究，可以加深专门训练理论的认识，更好地指导田径运动训练，创造优异的运动成绩。

第三节 田径运动训练设计

一、田径运动训练设计基本理论与发展现状

田径训练理论是一个人在田径运动过程中通过实际实践获得的概念或

原理。在长期的田径运动实践中，人们不断地根据实践中遇到的问题来推断经验，并围绕训练过程逐步形成训练理论，主要包括材料选择理论、特殊理论、压力理论、循环理论、恢复理论等。这些理论对促进田径运动的发展和提高运动成绩具有巨大的作用。科技创新和理论创新是21世纪的发展课题。田径运动的发展，必须有科学理论的支撑，对田径运动的理论研究也符合这一趋势，在一定程度上促进了田径运动，成为一种强有力的理论支撑体育训练的形式，将成为田径运动训练中不断科学创新应用的重要理论保障。

我国田径训练理论与发展的基础水平主要表现在以下几个方面：

①选择科学能力作为提高运动训练效率的基础。选才的科学程度决定了选才的科学性和准确性，直接影响到运动技能的发展和运动后备能力的潜力。通过区分竞技体育人才选拔理论探讨了体育科学选拔组织的理论和操作基础，并促进体育人才选拔工作的发展。科学选拔和强化的重要性有助于进一步研究选才理论，推动科研成果用于选才，形成全国选材科学网络。

②专项训练显示了当前田径训练的发展趋势。专项训练理论需要考虑和安排专项比赛的运动训练内容。专业培训可确保在早期取得良好的效果。而专门的训练是提高运动成绩的有效途径。检查训练方法是否符合要求，应从两个方面进行分析：训练因素、功率分配特性。肌肉的功能特性和与特殊训练动作相关的特征。应正确认识专项培训的目的和重要性，深入了解田径运动特点，制订科学的专项训练计划，提高田径专项训练的效果。

③田径训练期间接触高强度运动员是成绩的保证。运动负荷的理论依据主要来自对我国田径史上取得最大成功的运动员的体重分布特征的比较分析。研究表明，超高强度负重满足田径训练提升的要求。根据特点设置权重，合理安排训练权重。它记录运动员的负重能力，记录负重与恢复的关系。

④周期训练理论是田径训练过程设计、管理和实施的重要理论基础。作为对当前竞争体系变化的反应，许多专家和科学家对继续教育理论进行了深入研究。有些人持消极态度，有些人的态度是积极的，有些人处于中立的位

置。为了确保足够的定期培训提出了强调形成竞争状态的规则。

⑤运动恢复与运动同样重要。运动康复作为田径训练的一部分，在保证训练质量方面发挥着重要作用。运动恢复理论是目前综合生物学、教育学、心理学和社会学的一种新的恢复理论。运动后恢复应该通过生物学、教育、心理学和社会的结合来完成。提高身体恢复的效果、提供意识到恢复身体活动的系统性。完善运动恢复计划、了解运动后恢复的差异，注重运动康复的连续性。

二、田径运动训练设计的原则

田径运动设计原则是根据教育教学目的并反映教学规律而制定的指导教学工作的基本要求。教学原则的提出有一定的客观规律，是教学经验的总体和概括，是人们在长期教学实践中对教学经验或教训的反复认识和认识地不断深化，由感性认识上升到理性认识，经过概括抽象，对教学规律有所认识，而由此制定的教学原则。由于人们论述的出发点不同，目前在教育理论界对教学原则体系的认识尚未达成一致。有的侧重心理学方面，有的侧重社会学方面，有的侧重控制论方面。教学论以教学活动的特点为侧重点，提出了九个教学原则：教学整体性原则、理论联系实际原则、启发创造原则、有序性原则、协同原则、积累与熟练原则、因材施教原则、反馈调节原则和教学最优化原则，这些教学原则都有自己的理论依据和具体运用的基本要求与方法，并在教学实践中发挥着指导作用。

在田径运动技术教学过程中，必须遵循教学论提出的各种课程教学中的共性教学原则。同时，我们根据田径运动技术教学中的特殊性，对田径技术教学规律认识的基础上提出田径技术教学与设计的原则，作为指导教学实际工作的有效行动要求。它在一定程度上具体决定着田径技术教学内容的安排、教学方法的选择和教学组织形式的运用。

田径技术教学与设计原则主要包括田径运动的属性原则、从实际出发原则、运动技能正迁移原则、适宜运动负荷原则、趣味性原则、创新性原则、竞争性原则、安全性原则。

(一)田径运动的属性原则

田径的属性决定了田径训练的设计离不开运动场。田径运动中应坚持走、跑、跳等基本活动。其目的是提高运动员的成绩并按照科学的教学方法。作为田径训练的方法和设计工具，不能脱离田径运动的主要属性和特点。

(二)从实际出发原则

不同年龄、不同性别、不同运动基础的人对田径运动训练的目的和承受力也不尽相同，因而在项目设计时要根据参加者的年龄特点、本身体质特征和未来提高潜质等方面的内容，综合考虑，科学设计。

(三)运动技能正迁移原则

运动技能正迁移原则是指合理安排田径各单项运动技术教学的顺序和专门练习，促进运动技能学习的正迁移。田径技术项目的教学顺序与田径运动技能迁移之间有密切关系。在安排田径教学顺序时，不仅要考虑到各项技术的难易程度以及该项技术对运动员身体素质水平的要求，还要考虑到各项技术之间的相互促进或干扰问题，使先学的单项运动技能对后一项目的运动技能学习起正迁移的作用，避免运动技能间的干扰现象。

田径运动项目一般分为走跑、跳跃、投掷等几大类项目，各类运动项目中包括不同的单项。各单项都有一定的技术规格，同时，至于执行动作，每个元素之间有几个内部联系。跑步是跳跃和投掷的重要组成部分。进场速度和准确度与跑动技术密切相关。在练习了跑步、跳高和跳远的技术后，学习障碍和撑杆跳技术变得更容易了。在类似的项目中，执行要素的相似性更加明显。中、长跑和击剑的踢腿和挥杆的协同作用有很多共同点。和运动周期对每次投掷最后硬执行的要求非常相似。

虽然各运动项目之间存在一定的相似之处，如跳跃各单项在助跑、起跳、腾空、落地动作的划分上，但在每个阶段中各单项的技术特点又存在共同因素和不同因素，这些是运动技能发生正迁移和负迁移的基本条件。在跳跃项目教学中，先学习动作速度较快的单项技术，然后学习动作速度较慢的单项技术，其先后顺序一般为跳远、背越式跳高、俯卧式跳高。

在教授运动技术时，许多特殊的训练和辅助训练经常被用来训练和改进一项特定的运动。在选择和使用特殊训练时，还必须考虑运动技能，正确、合理地选择具体的训练。首先要考虑特定训练和特定技术之间的一般组合。这种共同元素不仅表现在运动的视觉和视觉相似性上。但重要的是在肌肉上做特殊的训练和特殊的技巧。由于专门练习和专门技术之间的共同要素，力量性质与动作的时间和空间性质之间存在一些相似之处，迁移的水平越相似，就会增加。反之亦然，因此不利于运动技能的积极迁移。

此外，教学法的分解和完整的教学法与运动技能的传递也有一定的关系，例如在跳高、撑杆跳高、铁饼、标枪等动作的教学中，简化动作的术语，使训练时间过长导致运动员理解难点和技术细节时产生混乱。因此，分解教学的时间不宜过长，重复次数不宜过多。

(四)适宜运动负荷原则

适宜运动负荷是指在田径教学中要根据运动员具体情况合理安排运动负荷的原则。这包括两个方面：一方面，田径教学中运动员必须承受一定运动负荷（运动时间和运动强度），以提高专项技术和运动素质。适当的训练负荷将有助于学生更好地掌握技术动作。提高体质，改善体质，运动幅度小，人体无法得到必要的刺激，不利于运动的技术控制。另一方面，田径课的训练负荷要合理，不要超过体能极限，影响身体健康。过度训练的后果是只跟踪运动次数而忽视运动质量，很难及时发现和纠正不准确的动作。它也在一定程度上影响了教学方法和必要的解释，重复次数过多会导致局部过载和受伤事故。因此，设计跑步的次数、距离、组数和强度是非常重要的。体育课中合理的跳跃和投掷训练负荷的程度取决于训练的量和强度。教师可以根据学生的具体情况进行定制，包括呼吸深度、皮肤、出汗、疲劳，控制运动、血压、脉搏、呼吸频率等的能力，相应地调整和组织训练负荷。❶

---

❶ 张先锋.田径运动训练理论与实践[M].沈阳：东北师范大学出版社，2012.

（五）趣味性原则

兴趣是推动人们从事各种活动的一种内部动力，趣味性原则主要是指运动员在运动技能学习中体验运动的乐趣，提高学习兴趣和积极性，活跃课堂气氛。田径教学设计中，要处理好运动技能学习和体验运动乐趣的关系。既要让学生掌握运动技能，又要让学生在教学中体验和感受运动的乐趣。通过选择和优化教学内容和教法，精心安排和组织教学过程，以激发运动兴趣为切入点，充分考虑采用游戏的教学形式，让学生在"乐中练、乐中学"。

田径运动项目属于封闭性动作技能，以个体运动为主，往往缺乏球类等集体项目运动中群体参与运动过程中所表现出来的趣味性特征。田径运动的各项技术包含了人体走、跑、跳、投的基本动作，初学者会感到技术动作简单无味，没什么可学；有的学生还会认为反复练习太枯燥，没有兴趣；有的学生还有怕苦怕累的思想，学习起来缺乏积极性。

在体育课设计中要正确设计教学内容，组织教学过程。它以"趣味运动"的形式进行相应设计，并组织比赛和团队参与以激发学生的学习兴趣。可以选择外观和结构与主要内容相似的游戏。游戏内容同时还可以改善学习环境，活跃单调枯燥的技术练习，提高学生的学习积极性，促进运动技能。当然，在课堂上使用游戏是为了增加学生的学习兴趣，不能代替教授运动技能。

（六）创新性原则

不变的项目重复很多次之后，就觉得无聊了。因此，有必要总结实践经验，对现有项目进行扩展、改进和改变。在此基础上，我们必须广泛学习，在体育赛事中将有用的成分挑选出来的，包括趣味性、娱乐性、健身性等因素，并不断创新。

（七）竞争性原则

田径运动最重要的方面是将娱乐性和趣味性与健身相结合。只有没有运动压力的娱乐和乐趣才失去运动的重要性，因此应该有适当的训练负荷。难度等级太高了，超出个人能力；难度太低，则不利于参与者的积极性。如果动作幅度太小，身体就得不到它需要的刺激；如果运动幅度太大，很容易导致过度疲劳，甚至意外受伤。因此，充足的训练负荷是田径训练设计的一个基本方面。

（八）安全性原则

安全是锻炼和娱乐的先决条件。事故发生与人们的初衷背道而驰。因此，在设计项目时，需要充分评估参与者的客观条件。

三、田径运动训练设计的内容、步骤与要点

田径运动训练设计是进行田径运动训练的基础和前提，对于田径运动训练具有重要的指导作用，田径运动训练设计的内容、步骤和要点主要有以下几点：

①对创编的运动项目进行构思，定出名称。
②用术语叙述创编项目的做法，包括动作规格、姿势、启动方式、运动的路线和方向、怎样衔接等均描述清楚。
③文字叙述没有直观感觉时，对这些动作要绘简图加以说明。
④制订规则与要求，包括确定成绩方法、胜负标准、违规细则和裁判方法等。
⑤绘图说明场地的形状、距离、规格和器材的设置。
⑥注明所用器材的名称、规格和数量。
⑦奖惩办法。
⑧进行实验和修改。

四、田径运动训练设计的类型与实例分析

（一）跑类运动项目设计的内容、步骤与要点

1. 跑类项目技术教学要点

跑类项目技术教学可以通过介绍相关的短跑技术来完成，专项素质练

习主要发展反应速度、最大速度和速度耐力。在教学过程中，应采用形式多样的专项练习手段进行练习和训练。采用不同的起跑信号和起跑姿势来提高反应速度，通过高抬腿和缩短摆动腿的摆动时间的练习来改变步频，通过发展下肢的柔韧性等手段提高步长，如脚的扒地动作练习、全身伸展练习、有力并放松臂部动作练习及多种跑和跨的竞赛游戏。

2. 跑类项目基础练习内容

①基本练习。基本练习的主要内容包括：后踢腿跑、小步跑、高抬腿跑和车轮跑4个主要部分。

②变化模式组合练习。变化模式组合练习主要包括：高抬腿、三步跨步跑、后踢腿跑、三步跨步跑、高抬腿跑和高抬腿跑、后踢腿跑、三步跨步跑、高抬腿跑、后踢腿跑两组组合模式。

③过渡模式组合练习。过渡模式组合练习主要训练内容包括：从小步跑到高抬腿跑、从高抬腿跑到速度跑、从后踢腿跑到速度跑和从车轮跑到速度跑四个组合练习。

④交替组合练习。加速跑10米、惯性跑10～15米、加速跑10米、惯性跑10～15米。

3. 跑类项目专门性游戏

例1：速度跑游戏

【游戏方法】将学生分成若干小组，每组排成纵队，在每队路线末端放置一个篮球，参加人快速跑到篮球所在的位置，拍5下后以最快的速度跑回，与本队队友击掌接力跑。

例2：接力跑游戏

【游戏方法】将学生分成若干小组，每组排成一队，绕两端标志开始环行跑。每队第一个人手握接力棒。发出信号后，持棒人快速跑向前跑绕竿，并跑到本队后，传棒至本队排头学生，排头学生接棒后快速跑绕竿接力。

例3：跨栏障碍游戏

【游戏方法】每队每一个人带着一个道具跑到第一个标志，返回，与第二个人击掌；第二个人带着道具跑到第二个标志。当所有道具全部被放置完毕，比赛结束，要在最短的时间内进行，主要锻炼反应能力和对命令的感知力。

例4：耐力跑游戏

【游戏方法】受训者必须在特定时间内完成指定的200~400米跑道若干圈。每一圈中间设置若干投掷区，只有击中目标才能继续跑。如果连续3次击不中目标则加罚一圈。

（二）跳跃类运动项目设计的内容、步骤与要点

在跳跃项目教学过程中，要始终强调完整助跑节奏的快速起跳。要求在快速助跑中完成起跳，强调重心移动速度。启发引导学生，体会如何提高跑速度，增强起跳效果，提高运动成绩。

跳跃项目教学中强调的技术要点：在助跑最后几步提高步频；起跳时起跳脚全脚掌着地，摆动腿积极摆动，起跳离地面，膝和髋关节完全伸展。

跳跃项目基础练习包括以下几点：

1. 专项助跑练习

加速跑——起跳或不起跳的助跑练习。

弧线跑——"J"型弧线跑练习。

撑竿跑——小步跑、后踢腿跑、高抬腿跑和加速跑等形式的持竿跑练习。

2. 单腿跳练习

站立式或短距离助跑单腿跳。

较长距离助跑或快速单腿跳。

节奏性单腿跳（左—左—左—右—右—右—左—左—左—等或左—左—右—右—左—左等）。

侧向单腿跳障碍。

单腿蹬跳箱起跳。

单腿支撑（另一条腿向后放在支架上），屈膝跳起。

内侧单腿跳上台阶。

3. 双腿交替跳练习

站立式或短距离助跑跨步跳。

快速助跑后跨步跳。

速度性跨步跳（规定距离跨步跳）。

4.跳栏架和跳深类跳跃练习

小步跳低栏。

双腿连续跳栏。

单腿跳跳栏架，包括栏间跨一步、三步跳栏架。

跳深前抛球。

跳深向上抛球（单脚或双脚着地）。

跳深侧抛球（单脚着地）。

5.组合性专项跳跃练习

原地转体跳起。

原地跪地跳起。

前、后双腿跳障碍。

左、右侧向双腿跳障碍。

前、左、后右变向双腿跳障碍。

纵跳、弓步支撑、纵跳。

（三）投掷类项目设计的内容、步骤与要点

投掷项目技术教学一般采用链接法，先将投掷整体技术分成若干简单的部分进行教学，再将分解技术链接成整体技术。运动技术教学顺序按照以下几个步骤：介绍器械（投掷安全与器械握法），最后用力阶段（采用正面投掷），发力姿势，缓冲阶段，动量积聚，准备阶段。

在投掷项目教学中，要高度重视安全问题，主要注意以下几个方面：

1.投掷标枪练习组织形式

器械应安全携带，不可以在投掷场地以外地区使用，标枪必需垂直携带。

投掷练习要在教师指导下进行，所有投掷者要站在投掷线后.按先后顺序轮流投掷，直到所有人投掷完毕或教师指示才方可收回器械。

左手投掷者应被安排在练习组的左侧，右手投掷者应被安排在练习组的右侧。

按照标准姿势组织投掷练习形式。

2. 投掷项目基础练习

（1）鞭打动作

单手持轻器械（原地站立或跪立姿势、3~5步助跑）。

双手持较重器械（抛接、坐立姿势、跪立姿势、3步助跑）。

（2）推的动作

头上向前和向后背向投掷。

站立姿势、滑步、上步投掷较重器械（发展力量）。

站立姿势、滑步、上步投掷轻器械（发展速度）。

（3）挥动动作

正面投掷轻器械。

发力姿势投掷较重器械。

坐立姿势或跪立姿势投掷。

旋转1圈投掷。

旋转1.5圈投掷。

使用不同重量的器械练习：轻器械——棍棒、圆环、锥状物、轻铅球、杠铃片；重器械——重实心球、石块、铅球、杠铃片。

（4）向后、向上挥动动作

双手向后肩上投掷，使用预摆动作，没有转动。

双手向后肩上投掷，使用预摆动作，有转动。

使用不同器械（实心球、石块、链球）。

深蹲伸展跳跃后高。

第四章
田径运动的项目训练实践

田径运动是体能类项目，其成绩的提高是以充分挖掘运动员的体能潜力为基础的。因此，田径项目的训练是运动员取得成绩的保证。本章即针对田径运动的项目训练进行简要说明。

第一节 田径运动走、跑项目训练

一、竞走项目训练

竞走比赛是相当长的距离。这是一场技术节奏竞赛。对技术动作有严格的规定。要成为一名出色的竞走运动员，必须系统性地练习多年。

（一）竞走的素质训练

在比赛中取得好成绩应该有很好的技术。强大的生理功能和全面的体能运动训练理论与实践表明，一个人的体能对运动成绩的发展和提高具有重要作用。竞走比赛的特点是高水平的身体活动和高强度的耐力相结合。因此，加强竞走运动员的整体体能训练是现代竞走者训练不可缺少的内容之一。

1. 耐力训练

耐力是人体长时间连续工作的能力。根据竞走赛事的特性衡量，耐用性质量是在竞走中取得优异成绩的基础。

耐力的发展一般是通过中等强度的运动来实现的，例如越野跑、长期中等和慢速步行或跑步，交替步行和跑步练习，各种球类活动以及游泳和其他活动。耐力训练应在训练周期的所有阶段不间断地进行。一般来说，准备期一般耐力训练的比例较大。

培养超耐力通常需要比比赛强度稍高的比赛或锻炼，并且所跑的距离比比赛距离短，使用重复和间隔方法进行训练。现代竞走水平不断提高，需要在一般耐力训练的基础上不断提高超耐力训练水平。

2. 速度训练

竞走的速度训练通常是采用短于专项或接近专项距离的大强度的竞走练习。如采用顺风走、下坡走及跟随一定速度的自行车或机动车走等。

3. 力量训练

竞走中的一般力量训练包括不仅可以增强肌肉，还可以增强肌肉的锻炼。但它也增加了伸展和放松的能力，专为同时发展脚踝、臀部和下背部肌肉的力量而设计。注意手臂、腿部和肩膀肌肉力量的积累。进行一般力量训练重复次数可以多一些。

专项力量训练是指发展与竞技步行直接相关的肌肉群的力量。适合难度越来越高的比赛的步行练习，例如山地行走或逆风走；合适的跳跃练习，例如跳绳或跳绳和弹性手臂摆动练习。

4. 柔韧性训练

柔韧性训练是跑者不可忽视的训练内容，应该经常做柔韧性练习。特别是锻炼髋关节和肩关节周围肌肉和韧带关节的柔韧性。任何柔韧性训练时应先进行静力性柔韧练习。

5. 恢复训练

参加比赛的运动员必须长时间练习和比赛。运动量大消耗能量大，容易疲劳，所以每次运动后要好好休息，保持身体健康。使用慢跑、慢走、手部练习、关节按摩等方式来让身体恢复活力。如果条件允许，可以使用一些身体放松技巧。摄入田径和场地规则允许的营养物质，可以促进各种营养物质的恢复，这会提高身体表现。

加强医疗监督和自我调节，如有可能，可监测血红蛋白、尿、乳酸。不时进行心电图检测等，并应根据身体状况设计训练。

运动员还应该有食物和营养标准。夏季或大汗淋漓时，应喝淡咸碱性电解质饮料，多吃水果、蔬菜和富含维生素的食物。

（二）竞走的技术训练

由于田径比赛规则的限定，田径技术有严格的规定。因此，运动员必须掌握正确、规范的行走技术。初学者尤其要严格遵守步行比赛的定义，加强技术训练。通过提高训练水平和运动表现，竞技步行技术应该不断改进和完善。因为只有稳定的田径技术专业知识才能驾驭高速田径技术并实现最佳运动表现。

1. 摆臂练习

原地摆臂：双腿左右站立，比肩膀略窄。也可以用前腿的重量来回站立。以肩关节为轴心，半握拳，肘部弯曲90°，手臂前后摆动。前摆不越过身体中线。高度不超过下颌，后肘稍微向外摆动。前臂略低于肩部，也可以原地练习摆臂和摆腿。

2. 低姿直摆腿走练习

在竞走技巧训练的第一阶段，摆动腿可用于深度和直线摆动练习，以在双脚着地时将膝盖伸展增加到垂直支撑水平。

3. 快速低姿稍屈膝的前摆腿练习

直摆腿低姿行走，向前弯曲时膝盖应正确弯曲。为了使摆动动作轻松自然，需要强调的是，着地时脚尖朝上，脚后跟先着地，使膝盖着地时伸直。

（三）竞走的心理训练

通过长时间的竞走和个人运动，训练者在长期的训练过程中很容易感到厌烦。因此，可以通过各种心理方法在日常实践中进行调整。

如果你害怕长途跋涉，你可以用自我暗示法的方法把走过的路程分成几段，逐段填写，以消除恐惧和愤怒。长距离竞走可以专注于步行技术并自我暗示。如果你在运动时感到无聊，也可以使用运动等分散注意力的方法，如假装追赶朋友、行人或骑自行车的人。当周围没有参照物时，将注意力转向自我的呼吸节奏。也可以通过更新训练环境进行定制，达到提高训练效果的目的。

二、短跑项目训练

（一）短距离跑的素质训练

1. 速度训练

短距离跑速度不是单一素质，它是集力量、速率、协调、耐力等于一体的复杂组合。

反应速度。反应速度是人体对各种信号刺激作出快速反应的能力。训练的方法是：用负重原地跳跃。站立跳远，站立时跳多步，同时听不同的起始信号或启动枪械，注重训练、技术操作的合理性，训练过程的安全性（如空旷场地、无障碍通道等）以及开始速度。

动作速度。人体或人体任何部位执行单个或完整一组操作的能力。可分为三类：单个动作速度、成套动作速度、动作速率。训练方法包括手部练习，例如俯卧撑和击掌。大力俯卧撑、不同的单腿和双腿跳跃练习、跳过栅栏深跳练习及快速转身等各种练习，应以速度为重点。更多注意协调、放松和灵活性。同时注重力量和柔韧性的发展。

位移速度。位移速度是人体在单位时间内快速运动的能力。与肌肉力量特别是速度力量密切相关的速度耐力、协调性、柔韧性、放松能力和下肢长度的训练方法包括短跑、冲刺跑、中级跑、山地跑、逆风跑、重复和变速跑（20米慢+50米配速+50米快跑），以及各种特色快频练习，降低难度（快速背部拉伸、原地跑1秒几秒）等速度和力量训练。最重要的是，放松和灵活性的协调对于个人发展很重要。

2. 速度耐力训练

速度耐力训练是指训练运动员在疲劳状态下保持速度的能力。具有快速、持久、高效、高强度训练的特点。训练方法包括间歇跑、重复跑和变速跑、速度耐力跑。运动时，在主要活动距离附近跑上坡等。应注意儿童的速度耐力训练。在此期间，多使用步行和慢跑模式，并积极地休息。为了避免慢频率的动力定型，不同的练习应该结合起来。跑得越快或跳得越快，训练的时间越长，越应该注意后端技术的准确性。

3.速度力量训练

速度力量训练是短期、快速的训练，以获得最大的肌肉收缩。它具有速度和力量的所有特征。力量越大，时间越短，速度和力量表现越好。大多数速度和力量训练是通过短跑、跳跃或类似的短跑运动结构的特殊练习来实现的。体重应为运动员体重的40%~60%。锻炼时要注意加快运动的步伐和频率，同时增强力量。在锻炼之前，必须充分活跃，注意运动员的耐力，避免受伤。

4.放松能力

通过练习自我意识，会增加高速驾驶时的力量感。减少不必要的肌肉活动训练方法包括局部放松和一般放松练习，例如肩部的手臂放松练习。仰卧，平举双臂，10秒后，做摆臂放松练习。单独站立，水平抬起另一条腿。控制10秒后，放松练习，不要移动小腿。跑下来（倾斜约3°）；以中等速度（70%~80%强度）跑步；迎风奔跑，奔跑灵活；柔韧性练习、心理训练（自学）提高自我控制等。训练时要注意放松，放松不等于虚弱，应该与人体的协调性联系起来。应关注敏感期（7岁以下和10~12岁）儿童的发育。在运动员中，应注意培养放松和协调感。

（二）短距离跑的技术训练

短跑技术可以以最高效率执行运动员的所有身体机能和他们自己的短跑技术。它是运动员质量和技术的缩影。短距离跑的练习应注重身体各部位的正确姿势和跑步时协调性和放松能力的训练。应结合身体素质的发展。注重完整的技术开发，并与实践相结合。这样技术就可以在竞争中得到巩固和加强。

1.起跑和起跑后加速跑技术

（1）起跑器安装

先学习普通式起跑器安装方法，学会后再根据个人特点和习惯，调整起跑时脚的前后长度与左右间隔距离。

（2）蹲踞式起跑

首先，练习站立不动并缓慢向前移动重心。感受平衡重心的位置和平衡被扰乱时的感觉。如果平衡被扰乱，必须小步跑步，并拥有加快工作流程的经验，技术要求脚踏实地，身体要自然放松、稳定，然后学习"预备"技巧，注意逐渐上提，重心前移，做好髋部高于肩线的姿势。

2. 途中跑技术

小步跑：小步子，快频率。上身笔直或略微向前。用小腿的动作伸展松弛的腿，并且前脚掌快速而有力地着地，落地后伸展膝盖，移动骨盆，向前并弯曲双臂，以轻松自然的方式来回摆动肘部。

高抬腿跑：上身直立或前倾。重心高，双腿向前倾斜，臀部抬起。膝关节放松自然下垂的小腿，然后主动按压大腿，对齐站立腿的髋关节、膝关节和踝关节。将骨盆指向前方然后来回摆动手臂，弯曲肘部。[1]

3. 弯道起跑和弯道跑技术的训练

（1）弯道起跑

要求按弯道起跑器安装方法安装起跑器，然后听口令练习弯道起跑。

（2）弯道跑

练习中速慢跑。并在半径10~15米内快速跑小圈测试过弯技术，轮流感受和控制平均速度，快跑60~80米的曲线，体会和掌握进、出弯道的技术衔接等。

三、接力跑项目训练

（一）接力跑训练重点

接力跑训练的重点应放在提高跑速和改进传、接棒技术上，由于接力跑比赛最终是速度的较量，运动员的跑速是取胜的关键。因此，接力跑运动员的身体训练应该是短距离跑训练的一部分，而技术训练的重点在于改进高速跑中的传、接棒技术和传接棒阶段的速度配合上。

---

[1] 付爽，马志洋，吴冰. 现代田径运动理论与竞训研究[M]. 北京：九州出版社，2016.

（二）接力跑训练方法

1. 接力跑训练

接力跑训练的内容主要有速度训练，传、接棒技术训练，传、接棒配合训练。

①运动员的各种速度训练和弯道跑速度训练（同短距离跑方法）。

②运动员持棒跑速度训练。

③传、接棒配合训练。2～4人为1组做快速传、接棒练习。

④不同距离的传、接棒比赛。

2. 接力跑战术安排和运动员心理特征

（1）4×100米各棒运动员技术和心理特征

在确定接力组合时，首先选定了4名最快的选手。同时，要考虑每个人的性格特征和技术特点（起跑的情况、弯道技术、稳定性等），最后确定棒次先后顺序。第1棒选手应该是一名擅长弯道技术、比赛能力发挥稳定、性格开朗、沉着冷静、具有良好的心理素质、起核心作用的队员。第2棒选手应该是一名具有扭转失败能力，在队伍中有着强烈的进取心和个性的选手。第3棒选手擅长弯道技术，传递棒技术好，并且是200米专项选手最为合适。该棒选手为"场上关键"，在一支队伍中谁跑这一棒很关键，并可据此棒推断该队的综合实力。第4棒选手具有稳定的竞技能力，能适合任何情况下比赛的全能型选手，比赛时沉着、冷静。

（2）4×100米接力跑各棒次安排

一般第一棒跑106～108米，要做好起跑技术和过弯能力的球员。第二棒跑100米，实际长度126～128米，需特别努力并且必须和组织配合；第三棒跑100米，实际距离126～128米。第四棒跑92米，实际运行长度为120米。一定要选择跑动表现最好、跑动能力最强的选手。他们有很强的竞争精神。如果仅就跑步强度而言，球员通常排名为2-3-4-1。

（3）4×100米各棒运动员的技术和心理特征

第1棒是队员中最可依赖的，具有沉着冷静的性格和发挥稳定的特点，应该是400米专项的高手。第2棒在队员中应是速度最快的选手，身材高大，具有极强的进取意识，200米专项高手最为合适。第3棒有着最好的速度耐力和顽强的意志品质，最好为400米或800米专项的选手。第4棒在成员中综合竞技水平最高，应为400米专项的高手。

（4）4×100米接力跑各棒次安排

4×100米接力各棒次跑有不同的特征，它共有3个弯道的分道跑，第2棒运动员先跑分道，然后抢道，最后两棒运动员不分道跑。因此，第一次交棒在各自分道内完成，第2、3次交、接棒均在接力区内完成。应根据运动员的实力和情绪状态来排定棒次。第1棒运动员须具备良好的冲刺能力，利用分道跑的良好条件，在第一个400米中成为领先者，并尽量超出显著的距离。最后一棒的运动员必须是最优秀的选手，具有良好的战术意识和控制速度的能力，并且他应该是一名心理素质较好的竞争性选手。

四、中长跑项目训练

（一）中长距离跑的素质训练

1. 耐力素质训练

耐力素质是中长距离跑运动员应具备的重要素质。耐力一般理解为在一定时间内，运动员能发挥最好的持续跑的能力。耐力可分为一般耐力与专项耐力。

2. 速度素质训练

速度素质训练是提高中长距离跑运动成绩的核心。发展速度的主要方法：跑的专门练习（如30～100米的加速跑、快速跑、变速跑、阶梯跑练习）；借助外力短距离跑（如顺风跑、牵引跑、下坡跑、在活动跑道上跑等）。

（二）中长距离跑的技术训练

1. 中长距离跑技术训练的特点

对于中长跑运动员来说，拥有正确的技能很重要。这些技能使得他们在跑步过程中尽可能地利用自己的体力，适当地发挥自己的作用，这是因为长跑技术主要是结合各种跑步练习。

确保了解技术培训的基本技巧。学习别人的先进技术必须根据技术原理和个人特点、体型、身体素质，创造性地学习和掌握新技术。而且每个人的习惯都不一样，在技术培训中，必须根据适合自己的先进技术模型，充分利用个人属性和实践、注意步幅、呼吸和跑步的节奏，上下肢的协调等，是合理的中长跑技术实践中不可忽视的一个方面。在准备阶段应注重基础培训和技术改进。比赛程序应注重完整的训练技巧。

2. 中长跑距离技术训练的主要方法

技术培训应通过训练来完成。为更好地掌握技术或改进技术细节，很多跑步练习都应该进行技术训练。还可以根据运动员的技术情况，采用短距离冲刺、高腿冲刺、后踢腿等专项练习来提高技术水平。发展腿部力量和腿部协调性也是提高这项技术的有效方法。

五、跨栏跑项目训练

（一）跨栏跑的技术训练

1. 技术训练的意义和作用

跨栏跑作为田径运动中较复杂的项目之一，对于技术的要求比较严格。技术训练在跨栏跑中具有重要作用。

首先，跨栏跑是分道竞速项目，时间越短，成绩越好，要想取得好的成绩，只凭借优越的身体素质是远远不够的，从起跑到第一栏技术、过栏技术、栏间三步节奏缺一不可。更重要的是，技术是充分发挥身体能力的保障，是在大赛中稳定发挥运动水平的基础。

其次，熟练掌握跨栏跑技术对于运动员自身是一种保护，可以保证其顺利跨越栏架，避免伤害事故发生。

最后，从审美观点看，跨栏跑项目要求的是动作舒展协调，强劲有力、美观大方，给人以美的享受，如果技术水平过低，就会破坏这种美感，使跨栏跑失去魅力。

2. 技术训练的主要方法和手段

（1）跨栏直角坐练习

练习者以障碍姿势坐在垫子上，伸直双腿并向前伸展双腿。双腿向一侧弯曲，收紧小腿，折叠臀部。两条大腿之间的角度接近右边。身体笔直，手臂在肘部弯曲。身体前倾，抬头，向前看，伸展另一只腿的手臂，肩膀向前。肘部在膝盖上方，平行于摆动的腿，一只手臂在肘部向后弯曲。反复重复这两个动作。一个姿势做20次为一组，交换两腿位置继续练习；也可模拟110米栏实战节奏，手臂屈肘前后单摆三次，前伸一次。

（2）摆动腿攻摆练习

练习者距肋木、墙壁或鞍马约1.20米站立，向后靠后身体重心前移。摆动腿的大小腿会弯曲并向前推动毛巾。爬到顶部时，小腿会主动向前拉。作用在脚踝和整只脚上的力都会受到影响。同时脚开始将脚后跟抬向目标，手与障碍物相互作用。这要求启动具有爆炸性。支撑时间短，摆腿有力，并且身体重心处于高位。

（3）垫上肩肘倒立模仿空中剪绞

练习者在体操垫上做肩肘倒立，三角支撑，摆动腿伸直，起跨腿在后，提前预拉两大腿内侧的肌肉，完成以髋为中轴的相互超越换位动作，使练者得到积极的空间感觉。

（4）铁栏架侧体前屈练习

侧对铁栏架，起跨腿外展屈膝、屈踝，平放在铁栏架上，上体前屈，起跨腿同侧的臂下伸；同时手触地，另一臂屈臂后摆，置于体后，上体前屈幅度要大，基本与腿平行。然后上体回原位。

（5）摆动腿过栏角练习

在跑道上放置5～8栏，练习者摆动腿靠近栏架一侧，起跨腿走至栏侧前0.5米距离时，着地起跨，摆动腿屈膝高抬前摆，做出攻栏姿势。当摆动腿脚掌移过栏板瞬间，摆动腿积极下压；同时，起跨腿屈膝外展，迅速提拉至身体正前方，踝关节积极缓冲，前脚掌落地支撑；上体与腿部协调配合。

（6）跨越双重栏架练习

两栏架平行摆放，靠近摆动腿一侧向外延伸30～40厘米，两栏前后相距40～60厘米，练习者摆动腿跨越第一个栏架，起跨腿要越过两个栏架，此方法增大起跨腿提拉幅度和加大下栏后第一步步长。根据练习者自身情况设置3～5对双栏架，勤加练习。

（7）两腿交替连续攻栏练习

直道摆放10个栏架，栏高设置为0.84米，栏距1.5～2.0米。练习者经走步开始攻栏，摆动腿和起跨腿在栏间轮流做支撑腿练习，即摆动腿过栏后，积极下压，前脚掌着地缓冲，同时后蹬，变为下一过栏周期的起跨腿。起跨腿提拉过栏后，变为下一过栏周期的摆动腿。此方法主要发展练习者连续跨栏的能力，体会高支撑技术动作，提高对栏的感觉。

（二）跨栏跑的素质训练

素质训练包括速度、力量、耐力、柔韧、灵敏和协调。跨栏跑作为技术较复杂的田径项目，其素质训练主要包括专项速度、专项力量、专项耐力、专项柔韧等。

1. 专项速度

（1）平跑速度主要的练习手段

①行进间30～60米跑。

②30～80米变速跑。

③下坡跑和牵引跑。

④组合跑（如10米+20米+30米+40米）。

⑤30米标志跑。

（2）发展动作速率的练习

①原地快速摆臂。

②原地做摆动腿和起跨腿的模仿练习（要求：连续快速完成15～20次为1组）。

③单腿跳接跨步跳、快速多级跳、单腿跳等。

④扶肋木做支撑高抬腿跑。

⑤降低栏高、快速跑跨。

⑥栏侧做两腿模仿练习。

2. 专项力量

（1）发展最大力量

发展最大力量主要借用器械来实现，手段有卧推、深蹲、提铃至胸、负重体前屈、负重转体、负重弓箭步走等，要注意克服自身重力的范围是自身体重的70%~120%。

（2）发展速度力量

发展速度力量主要练习手段有负重快摆、快速推轻杠铃、后抛实心球、半蹲跳、半蹲提踵、穿沙衣在沙坑抱膝跳等。

（3）发展力量耐力

负荷重量低于自身体重50%以下，常用手段有：

①腿缚沙袋做两腿模仿练习。

②肩负杠铃150米跑。

③悬垂负重举腿。

④负重高抬腿跑120米。

3. 专项耐力

（1）速度耐力

常用手段有两种组合的组合跑：

①120米+150米+200米跑。

②400米+500米+600米跑。

（2）专项耐力

①穿梭跑。

②反复跨栏跑。

③变速跨栏跑。

④缩短栏间距，降低栏高，跨12个栏。

⑤上坡跨常规栏。

4. 专项柔韧

①静力性练习：如跪撑、正压腿、侧压腿、盘腿坐、跨栏坐、体前屈等。

②动力性练习：如各个方向的摆腿练习，正侧踢腿练习等。

第二节 田径运动跳跃项目训练

一、跳远项目训练

（一）跳远的素质训练

跳远的素质训练主要包括速度训练、力量训练以及协调性与柔韧性训练。

1. 跳远的速度训练

跳远的速度训练要以提高绝对速度为主，并同跳远助跑技术相结合。

（1）跳远速度训练的特点

①由于起跳板的限制，不但要求跑得快，而且要跑得准。

②跳远比赛中，跳远运动员要进行6次跳跃，这就要求运动员具备在较短时间内反复发挥最高跑速的能力。

③在高速助跑的同时，运动员要快速正确地完成起跳，所以需要具备在高速跑进中的放松能力，为瞬间快速有力地起跳做好准备。

④能用稳定的加速节奏在30~40米内放松地达到最高助跑速度。

（2）跳远运动员发展速度的主要方法

动作放松正确，避免因跑的段落过长，在跑中出现紧张和过分用力，导致动作变形的现象。

①行进间跑：a.在水平跑道上或下坡跑道上进行计时跑。b.在下坡跑道路20米，待转入水平道跑后，进行20米计时跑。

②变速节奏跑：例如，10米快+20米慢、20米快+20米慢。快跑时要放松自然，加快步频。

2. 跳远的力量训练

跳远起跳时，要求腿部有强大的爆发力，跳远运动员的力量训练以发展速度力量为主。

（1）采用杠铃发展速度力量的主要方法

①负重提踵：a.身体保持正直，两腿自然站立，"内八字"站立与"外八字"站立交叉进行。b.由平地提踵逐步过渡到站在5~8厘米高的台阶上提踵。

②负杠铃弓箭步走：上体正直，注意体会单腿支撑与蹬伸动作；采用轻或中等重量，不宜采用大重量负荷进行练习。

③肩负杠铃克制性半蹲跳：采用轻或中等重量负荷进行练习。上体保持正直，切忌前倾。

（2）采用跳跃手段发展速度力量的主要方法

①摆动性跨步跳、单足跳和力量性跨步跳、单足跳：从完成动作的效果来看，摆动性跨步跳是指用加大摆动效果来增加跳跃速度；力量性跨步跳是指用加大蹬地力量来增加跳跃远度。

②速度性跨步跳、单足跳和幅度性跨步跳、单足跳：速度性要求跳跃速度，可采用计时的方法；幅度性要求加大每一步的动作幅度。

3.跳远的协调性与柔韧性训练

协调性和灵活性是跳远运动员的主要特点。训练中不可忽视的现代跳远训练有时会对关节活动度产生不利影响。增加力量训练的比例、良好的协调性和出色的灵活性可以提高运动员神经系统的表现。改善肌肉控制、帮助改善和改进技术动作，也是加强运动员自我保护、预防运动损伤的有效措施。

协调性和柔韧性训练的方法和手段主要有：

①各种静力性与动力性柔韧练习，如各种压腿、摆腿、踢腿、劈叉、跨栏等专门练习。

②各类有音乐伴奏的健美操、韵律操等。

（二）跳远的技术训练

1.专项准备性练习

对跳远的专项准备来讲，除了弹跳力以外，还必须根据技术主要阶段的需要发展专项能力。

①用一条腿也能从较快的速度中起跳的能力。

②在长时间的腾空阶段保持平衡和定向的能力。

③从某一处标志起跳的能力（发展距离感）。

专项准备练习在任何情况下都必须是单脚起跳的跳跃，练习的基本形式是：

①直线助跑跳高：从快跑中单腿起跳，摆动腿充分折叠，上体正直，用摆动腿的脚落地。

②跑跳步：摆动腿和双臂的动作要大。

③连续的一步起跳：腾空步在空中下落过程中主动下放摆动腿，紧接着完成下一次腾空步动作。

2. 技术训练的基本练习

经过充分的准备之后，再进行跳远技术基本训练时就容易多了。各种跳远方式的助跑和起跳都没有区别。从一种方式改为另一种方式时很容易，已经掌握的助跑和起跳技术不会受到影响。初学者宜从简单的跨步式跳远技术学起。跳远技术强调合理起跳的所有基本动作，如快速起跳的腾空步、摆动腿的快速"跟摆"等。学习者也不会由于复杂的腾空动作而将他们的注意力脱离本质的练习。

通过基础训练，可以有效发展挺身式或走步式跳远。通过一定训练的跳远运动员应学会三种空中技术动作，以便能够根据本人情况选择特别适合的一种技术。在安排练习顺序时应掌握先结合助跑训练起跳技术，以后再结合逐渐延长的助跑训练腾空和落地动作的原则。

3. 发展挺身式跳远的基本练习

（1）原地模仿空中挺身动作

原地模仿起跳腾空步后，接着完成摆动腿下放、两臂绕摆与挺身的动作，以学习和强化挺身式跳远空中动作的用力顺序和动作路线。

（2）助跑腾空下放摆动腿练习

助跑3～4步起跳以学习和强化挺身式跳远的空中技术，空中完成放腿挺髋展体动作。助跑起跳成腾空步后，迅速下放摆动腿。挺胸展体，双脚落地。

二、三级跳远项目训练

三级跳远技术难度大、要求高，从事三级跳远的运动员要具备身材匀称、协调性好、速度快、力量大等特点。三级跳远运动员必须在多年的系统训练中，认真进行全面的身体训练，同时加强专项身体训练、技术训练及心理训练，要按不同年龄、不同阶段安排不同的训练内容。

（一）三级跳远的技术训练

1. 三级跳远技术训练内容

（1）助跑起跳练习

①全程助跑接起跳练习。强调助跑技术的幅度、弹性，以及后几步节奏。

②一定距离的快速助跑接起跳的计时练习。解决上板前的速度。

③下坡助跑起跳练习。加快最后几步助跑节奏。

（2）第一、二跳技术练习（单足跳、跨步跳）

①短、中程助跑第一跳练习。

②短程助跑接连续单足跳，大幅度、轻松地完成快速放腿。

③短、中程助跑第一跳、第二跳进坑。

④短程助跑单脚跳、跨步跳的各种组合练习。

⑤全程助跑单足跳+跨步跳。画出标志，强调两跳节奏。

（3）第三跳技术练习及完整技术练习

①摆动腿连续单脚跳。

②短程助跑跨步跳+跳跃步入坑。

③原地多级跨步跳接跳跃步入坑。

训练提示：在完整技术练习中，要注意三跳动作的连贯协调，还可以运用标志物来进行三跳节奏的训练，形成合理的三跳比例。

2. 三级跳远技术训练注意的问题

①三级跳远技术训练要在体力充沛、精神集中的情况下进行。

②三级跳远技术练习要和运动员的身体素质实际情况下均衡进行。素质差而技术要求过高则容易受伤；要求过低又达不到改进和提高的目的。

③从训练的初级阶段开始就要注意抓好三个主要方面的训练：全面身体素质提高；全脚掌合理着地技术；合理的三跳比例。

④在发展专项力量的同时重视核心力量的发展，特别是背肌力量。

⑤三级跳远专项训练要和技术训练密切结合，避免技术环节脱节。

⑥要不断提高三级跳远技术训练的难度，抓住技术重点，改进技术动作弱点，确定个人特长。

（二）三级跳远的素质训练

三级跳远属于典型的跑跳结合项目，是一种以速度为核心，以力量为基础的速度—力量型运动项目。因此，要全面发展速度、力量、耐力、柔韧、协调等素质，要把发展全面身体素质与提高专项素质相结合，为提高运动技能和成绩打下良好基础。

1. 力量训练

三级跳远力量训练分为普通力量训练和特殊力量训练。三级跳远所需的额外力量可以概括如下：踢腿的反作用力，跳跃的离心力和推腿着地时的支撑能力。臀部和膝盖的跳跃伸肌的向心力推和推时用力收缩和摆动手臂和腿，维持上身平衡和冲动传递所需的核心。

（1）一般力量练习的方法

①杠铃练习：抓举、推举、蹬伸、提铃至胸、卧推、颈后推、仰卧臂拉起等。

②在力量组合练习器械上进行一般的力量练习。

③采用哑铃进行一般的力量练习。

④实心球进行投、推等练习。

⑤腹部和背部的肌肉力量练习。

（2）专门力量练习的方法

①负重半蹲（膝关节大小腿夹角为90°）练习或在蹬腿练习器上进行练习。

②微蹲（膝关节大小腿夹角为135°）练习，强调快速蹬伸动作，每组尽可能快速地重复8~12次。

③单腿下蹲练习。

④伸髋肌的各种练习。

⑤负重跳箱（带助跑和不带助跑）。

2. 跳跃训练

（1）基础跳跃练习方法

①单足跳：多级跳（右脚—右脚—左脚—左脚），节奏跳（右脚—右脚—左脚—右脚—右脚—左脚），换腿跳，跳跃低障碍，单足向高跳跃，单足向前跳跃。

②跨步跳：平均节奏的跳跃，快节奏的跳跃，最大距离的跳跃，最短时间的跳跃，最大距离和最短时间的跳跃。

③踝关节练习：单脚或双脚跳，原地或行进间的跳跃，跳越低障碍，连续跳跃或间断地跳跃，跳绳。

（2）三级跳远的专项技术跳跃练习

①单腿跳跃：起跳后，起跳腿的膝部向上摆动，在着地前大腿前摆几乎伸直，然后向下扒地，紧接着起跳腿的膝部向前向上抬起。

②两腿跳跃：三级跳远跨步和单足跳的专门技术动作练习，即右腿—右腿—左腿—左腿跳跃。

（3）跨步跳：在三级跳远的扒地动作过程中，摆动腿的小腿向前的伸展要比其他跳远项目幅度大。

3. 耐力训练

基本耐心（一般耐力或有氧运动）有助于运动员保持技能并提高训练成绩。速度耐受力（无氧耐力）提高了运动员的绝对速度。而绝对速度是提高跑步速度的重要因素。在全年的训练过程中，包括训练时间和比赛时间，需要培养运动员的基本耐力和速度耐力。

三、跳高项目训练

（一）背越式跳高的身体训练

1. 速度素质的训练

速度是背越式跳高的灵魂，是运动员最重要的身体素质之一。背越式跳高运动员的速度素质包括位移速度、动作速度和反应速度。必须根据背越式跳高的技术特点和运动员个人的具体情况进行速度训练，重点发展专项速度素质。

（1）位移速度的训练

①30米直道加速跑、行进间跑、计时跑。

②30米弯道加速跑、行进间跑、计时跑。

③30～50米上坡跑、下坡跑。

④20米直道+20米弯道加速跑、计时跑。

⑤60～150米跑。

⑥30～50米牵引跑。

（2）动作速度的训练

①原地进行各种快速重复动作的练习，尽可能地加快动作的速度。如原地做快速摆臂和摆腿练习，快速半高抬腿、高抬腿练习，快速支撑跳跃练习等。

②负轻重量的快速摆动和起跳练习。

③20～30米的快速跑跳结合练习。

④快速跑上、跑下台阶练习。

（3）反应速度的训练

①发令起跑练习。

②听、看信号完成各种练习。

③各种组合性、综合性练习。

④各种反应智力游戏、球类活动、体操练习等。

⑤各种变换速度和变换节奏的练习。

2. 力量素质的训练

背越式跳高最需要的是速度—力量，也称爆发力。运动员应处理好发展绝对力量与发展快速力量的关系，在全面发展身体各部位肌肉爆发力的基础上重点发展腿部肌肉的爆发力，即弹跳力。

（1）绝对力量的训练

练习时的负荷一般为最大负荷的70%以上。

①抓举、挺举、卧推练习。

②各种徒手或负重的腰腹肌力量练习。

③负重半蹲、深蹲练习。

④负重半蹲跳练习。

⑤负重提踵、跳跃练习。

（2）快速力量的训练

练习时的负荷一般不超过最大负荷的40%，要求完成动作速度快。

①快速抓举、挺举练习。

②快速投掷各种器械练习。

③徒手或负轻重量的各种快速腹肌、背肌、髂腰肌力量练习。

④徒手或负轻重量的各种跳跃练习。如立定跳远、立定三级跳远、跨步跳、单足跳、纵跳、弓箭步跳、跳深、跳台阶、助跑摸高等。

⑤结合各种跳高技术特点的专项跳跃练习。如上步起跳、弧线助跑3～4步起跳、助跑起跳跳高台、助跑起跳头触悬物等。

3. 灵敏性、协调性和柔韧性素质的训练

良好的灵敏性、协调性和柔韧性是运动员在各种变换条件的情况下，迅速、准确、自如地控制和改变自己身体运动方式的重要保证。发展灵敏性、协调性和柔韧性素质应与发展其他身体素质相结合，并且要充分考虑跳高专项的特点和需要。

（1）发展灵敏、协调素质的常用方法

田径运动的短距离跑、跨栏、跳远、推铅球、掷标枪等多项练习及其各种辅助练习，球类、体操、技巧等项目的基本练习，各种游戏等。

（2）发展柔韧素质的常用方法

各种摆振练习、拉伸练习、背桥练习等。

4. 耐力素质的训练

为了承受大负荷的训练以及长时间紧张激烈的比赛，跳高运动员应具有良好的耐力素质。发展耐力素质的常用方法有：长时间、小强度、各种形式跑的练习（越野跑、变速跑、障碍跑、图形跑等），长时间的球类活动，各种运动方式组成的循环练习，长时间、小强度的健美操练习及游戏活动等。

（二）背越式跳高的技术训练

背越式跳高的技术训练是在技术教学的基础上进行的。技术训练中首先要抓好基本技术训练，基本技术训练采用的练习可以参照背越式跳高技术教学法中的各种练习，并根据运动员实际需要选用。背越式跳高的特点是"快速"，即在快速助跑的基础上快速完成起跳动作，提高起跳效果，必须始终根据背越式跳高的特点和运动员的实际开展训练工作。

1. 助跑技术的训练

①4~6步弧线节奏跑练习，培养运动员助跑节奏和控制身体的能力。

②直线20米+弧线20米节奏跑练习，提高运动员助跑速度、节奏感和控制身体的能力。

③全程助跑练习，提高运动员助跑速度、节奏感和控制身体的能力。

④30米弯道跑练习，提高专项速度素质。

⑤30米直道+30米弯道跑练习，提高运动员助跑速度和控制身体的能力。

2. 起跳技术的训练

①弧线上步起跳练习，掌握身体内倾放脚技术及摆腿、摆臂配合动作。

②弧线2步助跑起跳练习，掌握身体内倾放脚技术及摆腿、摆臂配合动作。

③弧线4步助跑起跳练习，掌握在保持良好身体姿势、助跑速度及助跑节奏的基础上快速起跳技术。

④半程助跑起跳练习，提高快速助跑与快速起跳能力。

⑤全程助跑起跳及摸高练习，提高快速助跑与快速全力起跳能力。
⑥全程助跑起跳跳上高台练习，提高快速助跑与快速全力起跳能力。

3. 过杆与落地技术的训练
①仰卧矮高台杆上肌肉感觉练习，体会身体各部位在杆上时的肌肉感觉。
②利用助跳板做原地起跳躺上高垫练习，体会身体各部位伸展过杆动作。
③弧线4步助跑起跳躺上高垫练习。
④利用助跳板做短程助跑起跳过杆练习。

四、撑杆跳高项目训练

（一）撑杆跳高的素质训练

1. 速度训练

提高撑杆跳高运动员的助跑起跳速度及杆上动作速度，是提高撑杆跳高成绩的基本条件，现代撑杆跳高训练非常重视短距离跑和持杆助跑速度的训练。

短距离平跑速度是持杆助跑速度的基础。不仅要采用各种短距离跑训练手段来努力提高运动员的平跑速度，而且要提高运动员控杆能力和有关技术，从而将平跑速度充分运用到持杆跑和撑杆跳高中去，使持杆跑的速度接近平跑速度，撑杆跳高时的持杆助跑速度接近持杆跑速度。

持杆助跑不仅要求速度快，而且要求节奏合理、稳定，步点准确，为插穴起跳创造有利条件。可采用跳远助跑的一些专门练习及不同栏间距的跨栏跑练习等，培养运动员的助跑节奏感，提高持杆助跑节奏的稳定性。

撑杆跳高运动员的专项速度，除与运动员的肌肉收缩速度有关外，还与技术动作的正确性和熟练程度有关。如插穴起跳不正确，不仅会影响专项速度的发挥，而且会影响专项速度的有效利用。因此，在训练中要把平跑练习与持杆跑练习相结合，速度训练和技术训练相结合，促进专项速度的提高。

2. 力量训练

撑杆跳高运动员既要具备跳远运动员所需要的腿部、腰背部等肌肉力量，又要具备体操运动员的握力、臂力、肩带力量和腰腹肌力量等，这对提高运动员控制撑杆和自己身体的能力至关重要。吊环、吊绳、单杠等一些体操器械练习和专门练习，都是发展这些肌肉力量的有效手段。

运动员在撑杆上所做的拉引转体和推杆动作是一个整体，故在发展手臂和肩带肌肉力量时，应尽可能按动作顺序和方向多做完整练习，少做引体和推杆的分解练习。运动员借助撑杆支撑所做的一系列动作，都是在撑杆弯曲和反弹过程中进行的，只有当人体的动作与撑杆的运动协调一致时，才能取得最佳的效果。在发展专项力量时必须考虑这一特点，多采用弹性杆、橡皮吊绳等弹性装置进行训练。

撑杆跳高运动员应具备跳远运动员那样的在快速助跑中快速起跳的能力，这对提高握杆高度，加快撑杆和人体的运动非常重要。发展弹跳力所采用的手段和方法与跳远运动员基本相同。

3. 灵敏和柔韧训练

撑杆跳高运动员应具备体操运动员的控制身体、空中定向和平衡能力。撑杆跳高名将布勃卡不仅早期就接受了体操能力的训练，而且在以后多年系统训练中，始终将体操训练放在重要位置。发展专项所需要的灵敏素质和柔韧素质，要结合各种体操动作进行，如各种滚翻、手倒立推起、侧手翻、后空翻等，吊环、单杠练习中的悬垂摆体、收腹拉引、摆体后翻等，蹦床练习中的各种转体空翻动作等。练习时，单个动作应与成套动作相结合。

4. 耐力训练

撑杆跳高训练比赛中，运动员的每次试跳都要消耗较多的能量，比赛时间往往拖得很长，运动员要在最后跳出好成绩，必须具有良好的专项耐力。撑杆跳高运动员的专项耐力水平，是在发展一般耐力的基础上，通过有计划地延长训练时间、增加过杆量等方法，在长期的训练过程中逐步提高的。

（二）撑杆跳高的技术训练

撑杆跳高运动员的技术训练是在技术教学的基础上进行的。技术训练应采用完整技术练习与分解技术练习相结合的方法，并使分解技术逐渐转移到完整技术上。

1. 技术训练的基本手段

（1）持杆跑

持杆加速跑、全速跑40～60米，为提高助跑速度和控制杆子的能力，可交替使用不同质量的杆子。

（2）高握杆点持杆跑

高握杆点的持杆加速跑30～60米。

（3）持重杆加速跑30～60米

在杆头上加一定重物进行练习。

（4）持杆上坡跑、下坡跑30～60米

持杆上坡跑练习，着重加大蹬摆动作，尤其是摆动腿前抬的高度。持杆下坡跑练习，最好能接平地跑30米，重点培养轻快节奏。

（5）举杆插穴练习

助跑4～6步举杆插穴，杆子弯曲后借杆子的反弹顺势后退，反复练习，体会举杆插穴、蹬摆配合、胸前挺及手臂控杆等动作。

2. 技术训练应注意的问题

（1）撑杆跳高的技术性强，技术与运动成绩之间的关系密切，运动员应在全面发展身体素质的基础上，用较多时间和精力进行撑杆跳高的技术训练。

（2）撑杆跳高技术较复杂，在技术训练中要采用分解练习与完整练习相结合的方法，在初级训练阶段更需要加强专门性辅助练习，以便更好地理解、体会技术动作，更快地掌握好基本技术。

（3）撑杆跳高完整技术练习的强度大，消耗的能量较多，要求运动员精力充沛，注意力集中。在一次技术课中，运动员难以完成很多数量的完整过杆练习。因此，在技术训练时可以使用较软的撑杆，并采用中程助跑过杆与全程助跑过杆相结合的方法，保证练习的数量。

（4）在进行完整技术练习和专门性辅助练习时，要经常检查场地器材是否安全可靠，加强保护措施，保证训练安全。

第三节　田径运动投掷项目训练

一、铅球项目训练

（一）推铅球项目的基本特征

推铅球时，用一只手将球放在肩膀的锁骨上，放在投掷圈的后面。然后，滑动或摆动击球后，双脚着地，最后移动整个身体。以最高射速强制并推进，以使尽可能远。铅球比赛的主要特点如下：

①投掷原理表明，枪口初速和投篮高度是决定投篮距离投掷者自身力量的三个主要因素。而初速是三者中最重要的。重力加速度和空气的影响是自然条件下决定射程的两个主要因素：重力加速度是恒定的，空气对加载射程的影响可以忽略不计。

②击球的初速主要取决于最后一次击球的距离和时间。距离和时间越短击球的初速越高，速度越高。

③铅球的出手角度理论上的最佳值应为42°左右。但在实践中世界优秀铅球运动员的出手角度比计算的数字小一些，他们的出手角度一般在37°左右。

（二）推铅球运动员的专项素质及其发展手段

推铅球运动员的专项素质有绝对力量、速度力量、动作速度、柔韧性和灵活性。

1. 发展绝对力量的方法

资料统计表明，优秀运动员肌肉所发挥出的绝对力量的水平高低对运动成绩的提高，起着非常重要的相关作用。

可采用卧推杠铃、负重全蹲、抓举杠铃、高翻杠铃等手段，通过练习发展绝对力量。

2. 发展速度力量的方法

（1）发展腿部肌群力量的方法

①负重下蹲（半蹲）。

②负重蹲跳。

③腿推杠铃。

④负重提踵。

⑤多级跨步跳。

⑥立定跳远或立定三级跳远。

⑦双腿连续跳过若干个栏架。

（2）发展躯干肌群力量的方法

①仰卧起坐（负重或不负重）。

②俯卧背收（负重或不负重）。

③体侧屈（负重或不负重）。

④负杠铃转体。

⑤负杠铃体前屈。

⑥反复做体前屈双手握壶铃成直立。

⑦垒木悬垂举腿练习。

（3）发展肩带肌群力量的方法

①卧推杠铃（宽握、窄握）。

②颈后推杠铃（立姿、坐姿）。

③俯卧撑（或推起击掌）。

（4）发展手腕和手指肌肉力量的方法

①做屈拨球的练习。

②做单手抛接球练习。

③单手抓球练习。

④手指撑地的俯卧撑。

3. 发展动作速度的方法

（1）多级跨步跳

（2）立定跳远或立定三级跳远

（3）双腿跳过若干栏架

（4）蹲踞式起跑

（5）30米加速跑

（6）蛙跳

（7）负轻杠铃快速转体

（8）推或投小铁球

二、标枪项目训练

（一）掷标枪的技术训练

技术训练的内容包括：

①掷标枪各种专门练习和模仿练习（徒手和带器械）。

②原地、上3~5步、短程助跑、全程助跑的鞭打练习。

③原地和上步插枪、投小球或石块、掷标枪。

④原地侧向掷轻标枪、标准枪或投掷其他器械。

⑤交叉步各种练和交叉步掷标枪。

⑥原地、上步和短程、全程助跑（采用不同的助跑速度）做引枪练习。

⑦投掷步掷标枪或投掷其他器械。可在地上画出步点标志或通过语言、击掌等信号提示进行投掷步练习，以形成稳定的步长和建立节奏感。

⑧以各种速度做持枪助跑练习和持枪助跑接投掷步的练习。

⑨短程、半程、全程助跑掷标枪或投掷其他器械。

（二）掷标枪的素质训练

1. 专项速度训练的主要方法与手段

（1）发展助跑速度的主要练习

①短、中、长距离持枪快跑，利用下坡持枪快跑。

②20~30米持枪计时加速跑或行进间15~20米持枪计时跑。

③持枪跑接投掷步的节奏跑练习。

④徒手、持枪或负轻重量连续交叉步跑15~20米，可计时。

⑤持枪跑15~20米后引枪接侧向交叉步跑15~20米，动作熟练后结合计时。

⑥持枪全程助跑练习。

（2）发展专项动作速度的主要练习

①徒手或持枪，原地或左腿上一步做右腿大幅度、快速的蹬转送髋练习。

②徒手或持枪，交叉步后右腿做快速蹬转送髋动作。

③投掷步或短程、半程、全程助跑掷小球、小石块和轻标枪。

2. 专项力量训练的主要方法与手段

①仰卧、斜卧、立姿或坐姿，单臂或双臂从头后屈肘拉起杠铃（片）。

②坐凳肩负杠铃转体。

③双手持杠铃片弓步臂上举。

④单手或双手持杠铃片，单臂或双臂绕肩转动，或绕肘、腕转动（向不同方向）。

⑤两手各持杠铃片直立，两臂依次交替向头后上方和体后下方摆振。

⑥单手或双手持杠铃片做右腿蹬转展体拉"满弓"的练习。

⑦俯卧在跳箱或"山羊"，两手持轻杠铃片，上体尽量前屈，两腿由同伴压住。然后身体充分后屈抬起，两臂向后上方摆动，肩部拉开，挺胸抬头使躯干成反弓形。

⑧侧向站立．原地或上步蹬腿、送髋、转体用力，以单手或双手从头后向前上方掷实心球。

⑨成半仰卧姿势（腰背部枕一个软实心球），利用腹、胸、肩和臂依次收缩的力量，单手或双手从头后向前上方掷实心球。可逐渐增加上体前移幅度成仰卧坐起向前上方掷球。

3. 柔韧性、灵活性训练的主要方法与手段

①各种转髋练习。如正面两腿左右交叉转髋走，侧向两腿前后交叉转髋跑，两腿并拢或左右大开立转髋，原地或行进间跳起连续转髋等。

②向不同方向大幅度摆腿和摆臂。

③利用垒木或标枪做各种压肩、转肩和双人配合拉伸肩关节的练习。

④用标枪顶住墙，原地和上一步做右腿蹬转、送髋、挺胸、拉肩的练习。

三、铁饼项目训练

掷铁饼运动员要达到高水平的运动成绩，必须从少年阶段抓起。许多优秀掷铁饼运动员都是经过业余训练而达到高水平的。青少年时期，正是掷铁饼的基础训练阶段，因此必须重视在发展全面身体素质的基础上，掌握正确的掷铁饼基本技术，逐步提高掷铁饼的专项素质，以便承受高级专项训练的运动量和运动强度，使专项水平达到本人的最高水平。

（一）掷铁饼的技术训练

技术训练是青少年掷铁饼训练的重要内容。掌握正确的投掷技术不仅有利于发挥运动员的运动能力，创造良好的运动成绩，而且对青少年的长远发展非常重要。青少年时期是学习运动技术的最佳时期，要抓住这一有利时机加强技术训练，使之掌握正确的运动技术。

青年技术教育应以基础技术教育为重点。保持青少年自然、合理的动作，注重训练运动员的机器控制协调重投和放松以及准确快速的技术空间结构。创造节奏，要根据年轻人的特点，多说多练。充分发挥青少年较强的模仿能力，帮助青少年运动员学习和练习标准化的运动技术。

1. 掷铁饼技术训练的主要手段

（1）掌握基本技术的练习

①徒手、双人、扶肋木做各种转髋、转体、扩胸、摆腿、旋转练习。

②徒手或持器械做最后用力模仿练习。

③徒手或持器械做进人旋转和旋转模仿练习。

（2）掌握和改进旋转技术的练习

①原地站立做180°、360°的旋转练习。

②徒手或持轻器械，以左腿为轴旋转360°，体会以左侧为轴的旋转

动作。

③肩负竹竿做旋转练习,体会肩轴与髋轴在旋转中正确的超越关系。

④徒手或持器械做各种旋转模仿练习。

(3)掌握和改进旋转和最后用力衔接技术的练习

①徒手或持辅助器械体会右脚落地至左脚落地的动作。

②徒手或持辅助器械做正面旋转投掷模仿练。

③做正面旋转向投掷网掷铁饼练习。

(4)掌握和改进最后用力技术的练习

①徒手原地做最后用力阶段的右腿、右髋转蹬练习。

②负重或双人对抗(给上体以适当的阻力)练习,做右腿屈膝转蹬动作。

③原地投掷实心球、沙袋、小铁球或铁饼的练习。

(5)完整技术练习

①利用投掷网做旋转掷铁饼练习。

②在投掷圈内做旋转掷铁饼练习。

2.掷铁饼技术训练应遵循的原则

对于初学者,我们必须非常仔细地练习基本技巧。并要求每一个练习都严格按照整个技术的结构和速度进行。

具有一定体能水平的运动员需要根据个人特点了解重要技术的表现,确保培训的质量和有效性。

有技术背景者优先。在培训过程中,首先要做的是技术培训。其次是与内容相关的额外培训。

(二)掷铁饼的身体训练

掷铁饼运动员的体能训练有两个方面:一般体能训练和专项体能训练。一般体能训练的目的是通过各种运动来提高运动员的健康水平。改善运动员器官系统的功能,发展一般运动素质,特殊体能训练的任务是在训练中运用与特殊体能发展直接相关的特殊锻炼方法和特殊练习,发展运动员身体和系统的功能能力,实现运动素质。

1. 掷铁饼运动员一般身体训练的主要手段与方法

青少年掷铁饼运动员进行一般身体训练时必须要结合其自身特点，训练内容要多样、全面和具有趣味性，要较多地安排克服自身体重的跑、跳、力量练习以及各种投掷轻器械练习和柔韧性练习、协调性练习、耐力练习等。

2. 掷铁饼运动员专项身体训练的主要手段与方法

（1）力量练习

特殊力量训练是铁饼投掷训练的主要方面之一。科学、系统的力量训练对青少年的成长和发展至关重要。因此，特殊力量训练必须与铁饼投掷的特殊技术特点和力量特点相对应。

（2）专项速度训练

特殊速度训练的目的是发展旋转速度和最终的张力速度。当速度提高时，通过模拟旋转和技术训练来提高您的旋转速度，并通过投掷轻型设备来提高最终张力速度。

四、链球项目训练

现代掷链球已由力量型转为速度力量型，长期科学、全面、系统训练所建立的合理"技术—素质"结构模型是运动员运动潜力得以发挥的根本保障。

（一）掷链球的技术训练

1. 技术训练的主要任务

①掌握新的掷链球技术。

②复习与巩固已经掌握的掷链球技术动作。

③发展专门快速力量素质。

2. 掷链球技术训练的主要手段

①观看、分析以及比较优秀运动员和运动员自己的投掷技术录像。

②专项诱导练习。专项诱导练习手段的设计都出自于掷链球技术动作

的某一单个基本动作。从动作结构上看与基本动作几乎相同。

③分解和完整技术的模仿练习。

④用加力帮助的形式强化运动员的投掷感觉。

⑤念动训练。头脑中经常回想正确投掷技术过程，有助于技术动作的掌握和巩固。

⑥学习专项技术理论。掌握专项知识越多，就越容易理解投掷技术的内涵。

3. 链球技术训练的实施

（1）技术训练在整个掷链球训练过程中的地位

不同年龄、不同运动水平的运动员，在整个训练过程的不同时期掷链球技术的训练，占有的比重也不同。

①投掷技术训练在小周期中的地位：世界优秀运动员一般在一周中有两次以上的技术训练课。近些年来，国内外许多掷链球运动员都喜欢采用将技术训练总量分摊在一周中数次训练课中（有的是每天都有）的方法。这样的优点是，既可以保证完成大周期所要求的很高的投掷总数，也可以保证投掷中的强度和质量。

②投掷技术训练在大周期中的地位：技术训练所占的比重在各阶段的训练中是不一样的，一般在准备期和竞赛期最多，过渡期最少。青少年的训练以身体训练为主。技术训练的比重相对少得多，一般只占训练总量的15%~20%。

（2）技术训练的负荷与安排

投掷强度的大小是和训练任务相关联的。当训练任务是要改进技术或学习新技术时，在学习和技术模仿阶段，一般采用小强度，进入掷链球技术改进阶段，以中等强度较为合适。据科学研究，大脑中枢神经兴奋性过高或过低都不利于学习掌握或改进技术动作。一旦技术被基本掌握，就应马上采取大强度投掷，这是为了从中发现学习中隐藏的问题，同时还可以体验新动作中肌肉的用力感觉。如果发现技术出现错误，则将强度再次降低。当投掷任务是要发展投掷专项能力或进行赛前适应训练时，应加大投掷强度。

（二）掷链球运动员的素质训练

掷链球运动员的素质训练可包括：一般素质训练和专项素质训练。

1. 一般素质训练

（1）力量训练

力量训练非常重要。尤其是下肢力量和下背部和躯干大肌群的力量，以及直臂投掷时肩关节的力量。力量素质是综合素质的重要组成部分。

（2）速度训练

速度是决定掷链球成绩的关键。在练习时，一是看形成完整技术结构的速度，二是看部分技术的动作速度。如用杠铃片转体，用10千克重量比20千克重量做得更快一些，就能发展动作速度。年轻运动员和高水平的运动员都应多做拉橡皮带快速左右转体的练习，一组做7~8次。

（3）耐力训练

投掷者的耐心也很重要。一般耐力，如慢跑、踢球等，可改善内脏器官的功能。鼓励在高强度投掷后注意耐力训练：一到两周。至少应计划一到两周慢跑2000米，并应有合理的跑步时间。

2. 专项素质训练

大多数专项素质都通过特殊的投掷练习得到增强。常用的投掷装置有重3千克、4千克、5千克、6千克、8千克、10千克的锤子和不同链长的链球。投掷技术要求与特种设备相同，为训练做准备。例如，如果你想增加7千克的投掷，你可以用6千克的投掷提高你的速度，用8千克的球来增加你的耐力。放置方法：先抛7千克球，再抛6千克球，最后抛重球。

第五章
田径运动体能训练实践

田径运动的体能训练对于从事田径运动项目的运动员来说十分重要，体能训练是体育项目运动得以进行与发展的基础。本章即针对田径运动体能训练中的力量、速度、耐力、柔韧性、灵敏性以及运动协调能力训练等内容进行分析。

第一节　力量训练

在体育运动中，不同项目对力量素质具有一定的要求，力量表现的形式多样，力量训练十分重要。

一、力量训练的基本方法

（一）发展最大力量的训练方法

巴罗加式极限强度负重训练法：这种方法主要是通过极限强度负荷提高对机体神经系统的刺激作用，适用于高水平运动员的力量训练，有利于提高相对力量。巴罗加提出了四种不同的负重训练方式。每种方式以训练课为单位进行变化。训练方式的选择，主要取决于运动员的练习效果。

阶梯式极限强度负重法（保加利亚"循序渐进"训练法）：该方法主要用于精英运动员的最大力量训练。超过一天的最大体重，再分两组减10公斤，再分两组减10公斤，然后开始增重至当天最大体重，最终减量。

静力性训练法：静力性力量训练法在20世纪60年代曾被广泛应用，后来逐渐减少。静力收缩对肌肉耐力作用效果不明显，但对发展最大力量有积极的作用。

静力性训练有三种方式：

①在某一关节角度，承受高于运动员本人潜力的重量；

②针对特制的固定物用力推、顶、拉；

③一侧肢体用力，另一侧肢体相抵。

进行静力性最大力量的训练时，优秀运动员的训练强度为最大力量的80%~100%，收缩持续最长时间为12秒。初学者和未经过专门训练的运动员应以较小的刺激强度和6~9秒的持续收缩时间进行练习。

此外，停止静力性力量训练后，经训练所获得的最大肌肉力量大约在30周以内可完全消失。若每6周进行一次训练，肌力下降趋势缓慢，需60周以后才会完全消失。

电刺激力量训练法：该方法是一种新的"非负荷"性的最大力量训练方法。有研究报导，用这种方法两周后，可增加肌力20%左右，尤其在训练后紧接着进行电刺激，效果更好。

（二）发展速度力量的训练方法

速度力量的决定因素是肌肉收缩速度。许多运动项目都是在快速节奏或爆发用力的情况下完成的。

1. 爆发力的训练

爆发强度是在短时间内以最大加速度克服阻力的能力。打击的力量由参与活动的所有肌肉群的联合动作决定。如果没有充分发挥最大爆发力，爆发力也不会达到很高的水平。因此，爆发力训练方法适合爆发力发展。

施罗德认为，爆发力训练的一个重要方面是训练中使用的主要冲动。这与进行的锻炼类型和力量大小密切相关：例如，在跑步时，运动员的腿部力量冲动是其体重的3.5倍。因此，爆发力训练的主要动机是加速。在非间歇运动（例如跳远、投掷）中，爆发力是取得好成绩的关键因素。在间歇性事件（例如，快速运行）的情况下，爆炸会快速重复。因此，应根据每个项目的特点制定爆发力。

大多数发展爆发力的方法都涉及快速努力和等长练习。快速加载方法由两种训练模式组成：

①中等强度速度力量法：特点是70%~85%强度，最大速度训练4~6组，每组重复3~6次。这种方法对提高肌肉力量的爆发效率极为有效。特别是在混蛋和混蛋的形式。爆发式发展值得特别关注。在田径、体操、击剑、水肺潜水和所有分体式运动（如排球）中的投掷和跳跃中，爆炸的力

量直接影响运动表现。因此，这种方法可用于提高爆发力。

②快速低强度力量法：特点是采用30%～60%的强度，3～6组练习，每组5～10次，使爆发力训练有针对性的发展。快速加载方法对于培养运动员的速度感知和传播快速运动反应非常有用。等长训练法，又称超长训练法，实际上是一种将撤退训练和约束训练相结合的训练方法。在超长运动中，肌肉会愿意先工作，肌肉会拉伸很多。这次训练的目的是将纯粹的能量转化为爆发性的能量。生理机制是当肌肉以收缩方式工作时的拉伸反射。肌肉被拉伸到超出其自然长度。这会产生伸长反射，可以产生更有限的收缩以形成有效的井喷。发展爆发力的等距练习方法和内容包括纵跳、蛙跳、连续步等各种跳跃练习，包括跳过围栏多级跳跃、全速跳跃等练习，可以根据每个运动员的具体训练要求和条件进行选择。

2. 反应力的训练

反作用力是指运动中的人体快速制动并以很大加速度向相反方向运动的能力。当人体运动时，肌肉链会减慢人体运动的速度。这导致反射性拉伸。在非标准的威慑距离下，活动肌肉被拉伸，肌肉在加速路径中迅速收缩和缩短。因此，收缩反应模式是主动肌肉伸展和收缩循环的一种形式。

反应力有两种主要类型：一种是跳跃为主的弹跳反应力。另一种是以击打、鞭打、踢踹为主的击打反应力，两种收缩形式的区别在于各种刺激之间的关系。在典型的深度跳跃响应模型中，肌肉拉伸是由相反肌肉的力量引起的，这种拉伸的肌肉不起作用。因此，伸展和收缩的循环比深跳要慢得多。

二、力量训练的基本手段

（一）臂部力量训练

1. 上臂力量训练

（1）颈后臂屈伸

方法：身体直立，两臂上举反握杠铃（也可正握，但反握比正握效果好），握距同肩宽，做颈后臂屈伸动作。

作用：主要发展肱三头肌力量。

（2）颈后伸臂

方法：一腿在后直立，一腿在前。两手各握拉力器一端置颈后，两肘外展，两臂用力前伸使两臂伸直。

作用：主要发展肱三头肌上部和外侧部力量。

（3）弯举

方法：身体直立，反握杠铃，握距同肩宽，屈前臂将杠铃举至胸前。可坐着练习，也可用哑铃等器械练习。

作用：主要发展肱二头肌、肱肌、肱桡肌等力量。

此外，也可采用仰卧弯举、肘固定弯举、斜板哑铃弯举进行练习。

（4）双臂屈伸

方法：不负重或脚上挂重物，捆上沙护腿、穿上沙衣等，在间距较窄的双杠上做双臂屈伸。

作用：主要发展肱三头肌、胸大肌、背阔肌力量。

2. 前臂力量训练

前臂力量训练主要采用少组数（3~5组），多次数（16次以上），组与组之间间歇很短的练习方法。

（1）腕屈伸

方法：身体直立，两手反握或正握杠铃做腕屈伸，前臂固定在膝上或凳子上，腕屈伸至最高点，稍停顿，再还原。

作用：主要发展手腕和前臂屈手肌群和伸手肌群力量。

（2）旋腕练习

方法：身体直立，两臂前平举，反握或正握横杠，用屈腕和伸腕力量卷起重物。

作用：主要发展前臂屈手肌群和伸手肌群力量。

（二）肩部力量训练

1. 胸前推举

方法：两手持铃将杠铃翻起至胸部，然后立刻上推过头顶，再屈臂将杠铃放下置于胸部，再上推过头顶，反复练习。

作用：主要发展三角肌侧前部肌肉，以及斜方肌、前锯肌、肱三头肌力量。

2. 颈后推举

方法：站直，打开肩膀，向后举起杠铃，然后将杠铃滑到脖子后面，直到你的手臂伸直，重复这个过程。可以在锻炼时坐着，或者使用宽握或紧握。

作用：基本同胸前推举。

3. 翻铃坐推

方法：同时握住身体前方的杠铃，用双手降低胸部。用双手将杠铃稍微举过头顶。然后轻轻地降低脖子后面的杠铃。然后将杠铃从脖子后面、头后面推，然后慢慢将杠铃推到身体前方的下胸。

作用：主要发展三角肌群和斜方肌力量。

4. 两臂前上举

方法：两手正握杠铃，与肩同宽。向上提起杠铃至头顶高举。上举时肘关节外展，杠铃始终保持在距脸部30cm处。

作用：主要发展三角肌侧部力量。

5. 直臂前上举

方法：两脚自然分开，身体直立，两臂下垂同肩宽持铃，直臂向上举起杠铃。也可用哑铃或杠铃片进行练习。

作用：主要发展三角肌前部、斜方肌、前锯肌、胸大肌力量。

6. 持铃侧上举

方法：两脚分开，自然站立，两手持哑铃（或杠铃片）置于肩部，上举过头后，两臂慢慢展开，掌心向下成侧平举。

作用：主要发展三角肌前侧部及斜方肌、前锯肌力量。

7. 快推

方法：两脚左右开立，两手持哑铃置肩部，两手交替快速向上推举或同时上推。

作用：主要发展三角肌、斜方肌力量。

8. 直臂绕环

方法：身体直立，两臂下垂持哑铃或杠铃片，做胸前直臂绕环。也可做仰卧直臂绕环。

作用：主要发展肩关节周围肌肉力量。

（三）背部力量训练

1. 高翻

方法：两脚站距约同肩宽，双手正握杠铃，握距同肩宽，挺胸别腰，将杠铃提起至大腿中下部迅速发力，翻举至胸部，还原后再反复练习。

作用：主要发展背阔肌、斜方肌、骶棘肌力量。

2. 持铃耸肩

方法：身体直立，正握杠铃，然后以肩部斜方肌的收缩力，使两肩胛向上耸起（肩峰几乎触及耳朵），直至不能再高时为止。

作用：主要发展斜方肌力量。

3. 俯立划船

方法：上体前屈90°，抬头，正握杠铃。然后两臂从垂直姿势开始，屈臂将杠铃拉近小腹后还原，再重新开始。

作用：主要发展背阔肌上、中部以及斜方肌、三角肌力量。

4. 俯卧上拉

方法：俯卧练习凳上，两臂悬空持杠铃，两臂同时将杠铃向上提起，稍停，再还原，反复进行。

作用：主要发展背阔肌、斜方肌、三角肌力量。

5. 直腿硬拉

方法：直腿站立。躯干向前弯曲，腰部挺直，手臂伸直，用宽握或窄握握住杠铃。然后伸直臀部，挺直身体，举起杠铃，直到身体伸直。重新开始后，每组训练2～5次。

作用：主要发展、背阔肌、斜方肌、臀大肌以及股二头肌、半腱肌、半膜肌、大收肌等伸展躯干和伸髋的肌肉力量。

6. 颈后宽引体向上

方法：宽握距正握横杠悬空，然后迅猛地将身体拉起，直到颈背部高过横杠，反复练习。

作用：主要发展背阔肌、斜方肌、冈下肌、小圆肌、大圆肌、肱肌力量。

7. 直臂前下压

方法：与直臂前上举相反，两臂前上举握住拉力器，做直臂前下压，反复练习。

作用：主要发展背阔肌、三角肌后部及胸大肌力量。

（四）腰部力量训练

1. 山羊挺身

方法：仰卧躺在山羊（或马）上，双脚弯曲在肋骨之间。用手将杠铃或杠铃锁在脖子后面。身体前倾并站立，您也可以仰卧在长凳上，双腿锁定以保持直立姿势。

作用：主要发展伸展躯干和伸髋的肌肉力量。

2. 负重弓身

方法：双手握住杠铃放在颈后。站直，双脚分开与肩同宽，腰和腿向上伸展。慢慢向前倾斜上半身。向后摆动臀部（像弓一样）以保持躯干高度，然后伸直身体。可以伸直双腿或将双腿弯曲成弓形。

作用：主要发展骶棘肌、斜方肌、臀大肌、股二头肌、半腱肌、半膜肌、大收肌力量。

3. 负重体侧屈

方法：身体直立，两腿开立约与肩宽，肩负杠铃做左右体侧屈。练习时速度不宜太快，反复进行。

作用：主要发展骶棘肌、斜方肌、臀大肌、股二头肌、半腱肌、半膜肌、大收肌力量。

4. 俯卧两头起

方法：俯卧在垫子或长凳上，两臂前伸，两腿并拢伸直。两臂和两腿同时向上抬起,腹部与坐垫成背弓状,然后积极还原。

作用：主要发展伸展躯干和伸髋的肌肉力量。

（五）胸部力量训练

1. 颈上卧推

方法：仰卧于卧推架上,可采用宽、中、窄三种握距,手持杠铃或哑铃,先屈臂将其放于颈根部,两肘尽量外展,将杠铃推起至两臂完全伸直。

作用：主要发展胸大肌上部、肱三头肌和三角肌力量。

2. 斜板卧推

方法：仰卧在倾斜的板上,慢慢将杠铃降低到胸部中央,保持肘部与身体成90度角。然后快速有力地举起杠铃。然后以恒定的节奏重复练习。这个动作可以用哑铃练习。

作用：主要发展胸大肌下部、肱三头肌和三角肌力量。

3. 仰卧扩胸（飞鸟）

方法：仰卧在练习凳上,两手各执一哑铃做向体侧放低与上举动作,可稍屈肘,充分扩胸,上举时臂伸直。

作用：主要发展胸大肌、三角肌和前锯肌力量。

4. 直臂扩胸

方法：身体直立,两手各持一个哑铃或杠铃片,先直臂向胸前与肩关节成水平位置举起,然后直臂向两侧充分扩胸。

作用：向前主要发展胸大肌、三角肌前部和前锯肌力量；向后主要发展背阔肌、三角肌后部和斜方肌力量。

5. 直臂侧下压

方法：两臂侧上举各握住一拉力器,然后用胸大肌和背阔肌力量做直臂侧下压,反复练习。

作用：主要发展胸大肌、背阔肌力量。

6. 宽撑双杠

方法：降低下颌,弯曲背部,脚趾向前。双手放在一个宽大的平行杠上，看着脚趾。弯曲手臂以降低身体。然后将双臂向两侧展开以支撑身体。弯曲手臂，尽量降低自己。

作用：主要发展胸大肌下部、外部肌肉，以及肱三头肌、三角肌、前锯肌力量。

7. 俯卧撑

方法：在平坦的地板或腹肌上做俯卧撑，双臂分开与肩同宽。然后弯曲手臂，将躯干降到最低。然后伸出双臂支撑身体。伸展手臂时挤压肘部。并向上和向下伸直身体。

作用：主要发展胸大肌、肱三头肌、三角肌及前锯肌力量。

（六）腹部力量训练

1. 仰卧起坐

方法：仰卧凳上或斜板上，两足固定，两手抱头，然后屈上体坐起，再还原，反复进行。

作用：主要发展腹直肌、髂腰肌力量。

2. 半仰卧起坐

方法：躺在地板上或运动。双手握住哑铃放在脑后。当你弯曲膝盖时，你的上半身向前向上滚动。练习时，请记住，上半身抬起时，下背部和臀部不能抬离地板或长凳。深吸一口气，放松并呼气，两次收缩之间暂停2秒钟，还可以将重量放在上胸部以进行更多训练。

作用：主要发展腹直肌上部力量。

3. 蛙式仰卧起坐

方法：仰卧垫上，两脚掌靠拢，两膝分开，两手置头后，向上抬头，使腹肌处于紧张收缩状态，两秒钟后还原重新开始。

作用：主要发展腹直肌力量。

4. 仰卧举腿

方法：卧仰在斜板上，两手置于身体两侧握住斜板，然后两腿伸直或稍屈向上举至垂直。

作用：主要发展腹直肌、髂腰肌力量。

5. 悬垂举腿

方法：两手同肩宽，上举握住单杠，身体悬垂，然后两腿伸直或稍屈向上举至水平位置，反复练习。

作用：同仰卧举腿。

6. 仰卧侧提腿

方法：仰卧垫上，然后侧提右膝碰右肘，触肘后停1秒。然后侧提左膝碰左肘，反复练习。

作用：主要发展腹内、外斜肌力量。

7. 屈膝举腿

方法：屈膝，两踝交叉，两掌心朝下放在臀侧，仰卧垫上。然后朝胸的方向举腿。直到两膝收至胸上方，还原后重新开始。

作用：主要发展腹直肌下部力量。

8. 举腿绕环

方法：背靠肋木，两手上举正握肋木悬垂，两腿并拢向左右两侧轮换举腿绕环，反复进行。

作用：主要发展腹直肌、腹内外斜肌力量。

（七）腿部力量训练

1. 颈后深蹲

方法：上体正直，挺胸别腰，抬头，两手握杠将杠铃置于颈后肩上。做动作时保持腰背挺直，抬头收腹，平稳屈膝下蹲。

作用：除主要发展股四头肌、股二头肌、臀大肌力量外，还能有效地发展伸髋肌群力量。

2. 胸前深蹲

方法：上体正直，挺胸别腰，抬头，两手握杠将杠铃放置两肩胛和锁骨上，平稳屈膝下蹲。其余要领同颈后深蹲。

作用：基本同颈后深蹲，但前蹲由于胸部所受的压力较大，因此能更有效地发展伸膝肌群和躯干伸肌的力量。

3. 半蹲

方法：正握杠铃于颈后肩上，挺胸别腰，屈膝下蹲近水平位置时，随即伸腿起立。其余要领同颈后深蹲。

作用：发展伸膝肌群力量与躯干支撑力量，特别是股四头肌的外、内侧肌，股后肌群和小腿三头肌。

4. 半静蹲

方法：颈后或胸前持铃屈膝下蹲至大腿水平部位，保持这个姿势不动，或做好半蹲姿势对抗不动物体，静止6~12秒。也可根据动作结构和需要，换不同角度来做。

作用：主要发展伸膝肌群力量和躯干支撑力量。

5. 腿举

方法：仰卧于升降练习架下，两脚蹬住练习架做腿屈伸动作。练习时可采用不同的速度（快、中、慢）和两脚间距（可膝脚靠拢，也可分开）进行。

作用：主要发展股四头肌、臀大肌、股二头肌、半腱肌、半膜肌、大收肌、小腿三头肌和屈足肌群力量。

6. 负重伸小腿

方法：坐在练习器的一端，用双手抓住大腿两侧。股四头肌收缩将腓肠肌斜向上拉。拉伸小腿时，上身略微向后倾斜，以尽可能伸展双腿。双腿完全伸展后，保持2秒，然后放松，重新开始。

作用：主要发展大腿前部肌群力量。

（八）全身力量训练

1. 窄上拉

方法：与肩同宽站立。在单杠附近，双臂放松与肩同宽，深蹲、深蹲和提铃在杠铃抬高到大腿中部和小腿中部时保持胸部和腰部。整个人顿时显出力气，臀部，双腿伸直，脚后跟，手肘抬起。

作用：主要发展骶棘肌、斜方肌、前锯肌、臀大肌、股二头肌、半腱肌、半膜肌、大收肌、股四头肌、三角肌、肱肌、小腿三头肌、屈足肌群力量。

2. 宽上拉

方法：宽握距握杠，预备姿势同窄上拉，当杠铃上拉到大腿中上部时，迅速做出蹬腿、伸髋、展体、耸肩、提肘、起踵动作。宽上拉也包括膝上拉、悬吊式上拉、直腿拉、宽硬拉等多种做法。

作用：基本同窄上拉。

3. 高抓

方法：强力保持技术由四个部分组成：准备、提铃、力量和蹲下支撑。准备，然后举起铃铛，将它拉到与力一样宽的地方。半蹲支撑从举重开始。在这一点上用力时肘部向上 杠铃将惰性移动，腿将自由移动。身体在单杠和头顶上下降时的钟声。摆动前臂，肘部形成一个"轴"，以支撑头顶上方的肩部。

作用：主要发展伸膝、伸髋、伸展躯干及肩带肌群力量，并能有效地发展爆发力。

4. 箭步抓

方法：预备姿势、提铃、发力同宽拉。在发力即将结束时，做前后箭步分腿，与此同时，将杠铃提拉过头顶，伸直两臂做锁肩支撑。

作用：基本同高抓并能有效发展爆发力。

5. 挺举

方法：挺举由两部分组成：将铃铛举到胸前和提起。深蹲技术通常用于将钟举到胸部。这些包括准备、举铃、力量训练、蹲起和起立，不包括蹲起和起立。前三个部分就像紧绷的引体向上。深蹲是当杠铃升高到腰带高度时。双腿主动向两侧伸展。膝盖弯曲，肘部同时弯曲，肘部以肩膀为"轴"旋转，将杠铃抬至胸部，靠在锁骨和肩膀上。

作用：提铃部分主要发展各相应部位的肌肉。同时也会发展全身协调用力及爆发力。

6. 高翻

方法：将杠铃从地面提至胸部，提铃至胸时下蹲高度为半蹲，其他要领基本同挺举下蹲翻。

作用：基本同挺举提铃部分。

7. 箭步翻

方法：与推力基本相同。除了较窄的方法，即臀部向前和向后推动小腿。杠铃绕胸部旋转站立：先伸直前腿，然后拉半步，再向前拉后腿。在水平线上彼此平行站立并重复练习。

作用：基本同挺举提铃部分。

8. 高翻借力推

方法：用高空翻将杠铃抬到胸前，然后坐下，然后用力将杠铃推到手臂正上方的位置，要求把杠铃抬到你的脸部位置，收紧胸部和腰部，也可以在颈部或训练凳上进行。

作用：此练习若在练习架上做则主要发展上肢力量，作用同上挺部分；若提铃至胸后再做这个练习，作用基本同挺举。

第二节　速度训练

速度是运动员的基本素质之一，在他们的体能训练中起着重要的作用。一些运动（例如100米短跑）是比运动员的速度。虽然有些体育赛事的速度并不比速度快，但速度也对运动表现有直接影响。

一、速度训练的基本方法

（一）反应速度训练的基本方法

反应速度主要利用各种信号（枪声、掌声、口令等声响）刺激练习者，使其作出快速反应来实现。其练习的基本方法有以下几种：

1. 信号反应训练

即对各种信号做出反应动作，这种方法适合于短跑项目及初学者。

2. 运动感觉反应训练

这是一种心理训练方法，通过提高时间感知能力，进而提高反应能力，此法适合于中长跑项目，其具体步骤为：

①对信号快速作出应答后，由教练员告知反应时间。

②对信号快速作出应答后，教练员要求运动员自己报出估计的时间，然后教练员再告诉其准确时间，核对其误差。

③要求运动员按事先确定的时间完成动作或跑完一定的距离。

3. 选择性信号反应训练

要求运动员按事先确定的信号做出正确的选择，或按相反口令，相反动作完成选择性的反应训练。

（二）动作速度训练的基本方法

1. 重复法

规定最大速度指数的重复方法。在移动速度训练中显示最大速度指数，并且一些运动练习是强制性的重复，例如快速重复的轻杠铃推举。用哑铃重量重复跳跃，同时保持正确的运动，一次又一次地快速跳跃。重复短距离跑步，使用各种沉重的金器进行最后的快速重掷。

变化训练程序的重复法。变化训练的程序是指在横移速度训练中适当改变速度和加速度，并以适当的比例与程序相结合。虽然在一定的最大速度下进行训练是提高运动速度的重要因素，但重复如此，它创造了一个动态的固定模式。因此，在最高速度指标和重复练习时，训练计划按一定的方式变化，使运动员对练习的速度变得陌生，以培养更好的移动速度。

2. 比赛训练法

比赛训练法是指在竞争条件和要求下，营造竞争氛围和环境的开放式训练方式。

显然，在使用比赛训练法来训练动作速度时。练习者的心理和情感不同于其他训练方法。大多数修炼者都表现出高度的情绪和兴奋。研究表明，使用竞技训练方法会显着增加运动前的人体血糖和乳酸水平。这有助于身体更好地运作。兴奋也会对交感神经系统产生影响，延迟疲劳的发生，这使人体能够成功地以高强度速度进行训练。

在比赛训练法中，神经系统处于非常温和的兴奋状态。这有助于发挥

—133—

交换兴奋和抑制神经过程的能力。

3. 游戏法

游戏法是指采用游戏的形式进行速度训练的一种方法。

"速度障碍"是由于在速度训练时反复进行某一动作的训练。这种多次重复的训练形成动作的动力定型，使动作的各种指标比较稳定。使之在动作的空间特征和时间特征上，如动作的幅度、方向，动作的速度和频率都相对稳定，形成所谓的"速度障碍"。

防止"速度障碍"的形成，首先要突出速度力量的训练，采用多种训练手段，如游戏、球类等活动。例如，100米跑要达到预定的成绩，既可以通过专门短跑训练来达到，也可以通过全面身体练习并把重点放在速度力量的训练上来达到。

二、速度训练的基本手段

1. 原地快速高抬腿跑

方法：直立于一平坦的场地上，原地两腿交替做快速高抬腿跑10～30秒。

作用：发展动作速度和移动速度。

要求：高重心、高频率，两臂配合摆动，以尽可能快的速度抬起。

2. 快速蹲起

方法：练习者全部蹲下，听信号快速蹲起。

作用：发展反应速度和动作速度。

要求：尽可能快蹲起。

3. 快速站起

方法：仰卧草坪或垫上，当有信号发出后，两手撑地，快速站起，多次重复。

作用：发展反应速度和动作速度。

要求：动作完成要快速、连贯。

4. 快速"两头起"

方法：练习者俯卧草坪或垫子上，听信号后立即向上抬臂、抬头、挺胸、双腿后上举,成"两头起"。

作用:发展动作速度和腹肌力量。

要求:上体和腿两头快速抬起。

5. 快速体前屈

方法:仰卧草坪或垫上,听信号后上体前屈,两臂前伸,胸贴近大腿成快速体前屈。

作用:发展动作速度和腰腹肌力量。

要求:上体快速抬起。

6. 仰卧高抬腿

方法:仰卧草坪或垫上,听信号后快速高抬腿,每组15~30个,多次重复。

作用:发展移动速度和动作速度。

要求:高抬腿时动作要快,足尖勾起。

7. 对号追击

方法:练习者两队相距1~2米,事先预定一队为奇数号,另一队为偶数号,教练员任意喊"1"号,喊到者逃跑,另一队追击,在练习中可改变号。

作用:发展和提高反应速度和动作速度。

要求:全神贯注听号选择追击与逃跑,训练快速反应、判断能力。

8. 快速起

方法:仰卧,抬头平视,听信号后,快速蹲起或跳起。

作用:发展反应速度和动作速度。

要求:快速从俯卧状成起立姿势。

9. 节奏跳

方法:练习者站于沙坑中或草坪地上,按口令一、二或一、二、三的最后一个节拍时用力高跳起。

作用:发展动作速度和下肢快速力量。

要求:前脚掌着地,蹬地要快,最后一个节拍时用力。

10. 转身跑

方法：练习者在向前跑进中，听口令转身90°、180°、360°的各种转身跑。

作用：发展反应速度和动作速度。

要求：听口令后迅速转身。

11. 单臂支撑起跑

方法：单臂支撑做好起跑的预备姿势，听信号后，身体向左或右转体180°角，迅速跑去。

作用：发展反应速度和动作速度。

要求：控制好跑进方向和身体平衡。

12. 变向跑

方法：练习者在向前跑进中，听到事先规定好的信号后，改变跑进方向。

作用：发展反应速度和动作速度。

要求：练习者快速做出反应。

第三节 耐力训练

耐力是指生物体长时间工作以克服工作时的疲劳的能力。它是运动员身体素质的关键指标之一，任何运动都需要恒定的耐力水平。对于一些运动，如中长跑和竞走等，田径技术水平和比赛成绩的提高通常取决于耐力水平的提高。因此，运用现代科学方法培养耐力变得越来越重要。

一、耐力训练的基本方法

（一）持续负荷法

许多耐力运动（例如划船、游泳、骑自行车、中长跑等）经常采用连续负重的方式进行越野训练,并产生很好的效果(例如使用短跑)。Bompa指出,通过变速训练,我们可以在运动中逐渐提高速度,例如:可以以较慢的速度覆盖前1/3的距离。然后可以将速度提高到略低于中等强度的水平,并且可以以中等强度速度覆盖最后1/3的距离。此外,强度可以从中间到第二高水平连续变化。例如:每1~10分钟最大运动强度后,可以交替进行中级运动,以确保在下一次增加负荷前身体稍有调整。以最高速度心率可达到约180次/分钟,恢复时间减少至约140次/分钟。脉动波状强度的交替排列对于负重训练很有用,能有效改善心脏和中枢神经系统的机能。

(二)间歇训练法

间歇训练法对速度耐力和短跑耐力水平影响较大。周期性的方法包括所有的休息方法,如慢跑或步行。放松练习也是其中的一部分。当心率恢复到120~130次/分钟时,开始下一个锻炼。

这是因为间歇训练法是运动员身体无法完全恢复时的下一个练习。它对身体有以下影响:

可有效提高人体每分钟的生产力,增加心肌收缩力和心输出量。能有效改善人体的呼吸功能,尤其是最高摄氧量。适用于压力时间相对较长、压力强度相对较低的长跑或中长距离跑。间歇性运动方法可以有效提高有氧消化能力和糖原的有氧耐力水平。适用于负重时间相对较短、强度相对较高的中距离跑步,有时也适用于较长时间的跑步。

(三)重复训练法

重复训练法是指以给定的距离、持续时间和重量强度重复锻炼的方法。在不改变动作结构和有效载荷体积的情况下,这种训练方法的主要作用是提高无氧代谢的短跑运动员的耐力水平和混合代谢的中级跑者的耐力水平。

200米、400米等短距离长跑,可以有效地发展和提高乳酸动力供应系统的水平。由于项目对高速耐久的要求,即使在长距离(300~500米)反复跑一段时,身体也会产生负氧量。

中距离比赛中的短距离比赛，如800米比赛，无氧代谢的比例较高。因此，在500~150米内重复训练，不仅可以提高身体对缺氧的耐受性，还可以增加大量乳酸的积累。

长跑训练负荷高。每分钟的氧气含量和循环系统必须充分调动。因为长时间的循环和呼吸系统有时间克服惯性，逐渐提高工作水平，所以通过反复长跑，可以提高循环和呼吸系统的机能水平。

重复训练法是比赛期间训练的主要方法，并且主要在比赛开始时使用。根据运动员的实际情况，刺激的量和刺激的强度可以在一定范围内变化。但一般情况下，刺激量和刺激强度是相对恒定的。

重复训练法的一个特点是在运动时间内心率恢复到100~120次/分钟时进行下一个运动，运动距离、运动重量和动作有明显的特点。

（四）高原训练法

高原训练法是指在海拔较高、空气中含氧量较低的高原地区进行训练。比如我国在青海多巴、云南昆明等地都有高原培训基地。2000米左右的海拔高度可以培养运动员的有氧代谢能力，提高运动员到达高原后刻苦训练和参加激烈比赛的能力。

高原训练期间，因为高原空气中的含氧量比平原少，这增加了对身体心血管和呼吸系统的需求。提高运动员在训练和适应过程中的通气和呼吸效率。这种改善促进了呼吸和循环的功能。

高原训练后运动员血液中的红细胞和血红蛋白会增加。这增加了身体向血液输送氧气的能力，同时扩张和增厚肌肉的毛细血管，大大改善了肌肉细胞的能量代谢和有氧能量供应。

（五）循环训练法

循环训练是基于特定训练任务建立多个或多个练习站的目标。每个站包含一个或多个与一般耐力发展相关的链接。为使运动员能够遵循给定的顺序和路线，为每个站设置了练习次数、方法和要求，每个站进行一个训练，可以进行一周或数周。这是因为循环训练中下一站的锻炼是在上一站的锻炼对身体的刺激上留下了痕迹的基础上进行的。从第二次练习到站立，每个站的锻炼量几乎超过了前一站的负荷。因此，心血管训练对循环系统和全身功能的改善和发展有很大的影响。同时可以充分供给运动员不同部位的肌肉，局部肌肉拉伤和恢复可以交替进行。运动员对训练的兴趣正在增长，因此心血管训练对整体耐力的发展产生了有益的影响。

此外，许多其他综合速度游戏、轻重练习等也是提高综合耐力的有效途径。

二、耐力训练的基本手段

（一）持续慢跑

方法：练习者采用较慢速度持续跑较长的距离，发展有氧耐力。跑的速度、距离、重复次数等应根据练习目的确定。

作用：发展一般耐力，提高有氧供能能力。

要求：在持续慢跑时，心率每分钟应达到150次左右为宜，以发展练习者的一般耐力。

（二）重复跑

方法：固定跑的距离，多次重复，进行该段距离的跑，重复跑时的速度、距离、重复次数等应根据练习目的和练习者的具体情况而定。

作用：发展专项耐力和一般耐力，提高无氧代谢能力水平。

要求：每次练习之间的间歇时间以心率恢复到100～120次/分钟为限，再进行下一次练习。

（三）变速跑

方法：是一种按一定距离变换速度的跑法。在跑的过程中，用中等速度跑一段距离后，再以较慢速度跑一段距离。

作用：发展有氧和无氧代谢能力，提高一般耐力和专项耐力水平。

要求：中速跑与慢速跑交替进行相同的距离或中速跑的距离较慢速跑

稍短一些，变速的交替次数依练习目的而定。

（四）间歇跑

方法：练习者采用快跑一段距离后，再慢跑或走一段距离的中途有间歇的跑法。跑的速度、距离与间歇时采用慢跑或走以及练习的次数，应根据练习目的而定。

作用：发展专项耐力水平。

要求：快跑的速度应使脉搏达到每分钟170~180次，中间间歇；慢跑或走时，脉搏应控制在每分钟120次左右时再重复下一次练习。

（五）越野跑

方法：可采用个人或结伴的形式，进行距离较长，强度较小的在野外自然环境中的跑步，在跑步中应保持正确的跑的姿势，充分利用野外的上坡、下坡等地，进行跑的练习以发展一般耐力水平。

作用：发展一般耐力水平，提高有氧代谢能力。

要求：越野跑时应穿软底鞋，跑的距离及时间根据个人特点和练习目的确定，跑的过程中脉搏应保持在每分钟150次左右。

（六）追逐跑

方法：在田径场或自然环境中，采用多人相互追逐的跑。追逐时间可选择一定的距离追逐，再慢跑或走，反复追逐。追逐跑的距离、速度根据练习的目的而定。

作用：发展速度耐力、无氧与有氧代谢水平。

要求：同伴之间相互保持5~10米的距离，用中等或较快的速度追逐对方，慢跑时应使脉搏不低于每分钟100次左右。

（七）匀速持续跑

方法：采用中等速度持续跑较长或一定的距离，在跑的整个过程中，保持一定的速度，用匀速跑完练习规定的距离。

作用：发展专项耐力水平，提高混合代谢能力。

要求：速度达到中等速度，心率保持在每分钟150次左右，以匀速持续跑一定的距离。

第四节　柔韧性训练

柔韧性是指不同关节的运动范围。弹性有两层含义：一是关节活动范围的大小。二是软组织的柔韧性，如肌肉、肌腱和韧带，使关节扩张。关节的运动范围很大程度上取决于关节本身的结构。跨越关节的肌肉、肌腱和韧带等软组织的柔韧性在很大程度上是通过适当的训练实现的。

灵活性在运动中非常重要，它是有效技术改进的必要基础，也是保证体育技术水平提高的根本因素之一。当弹性不好时，学习运动技能的过程会立即减慢并变得更加复杂。并且通常不可能学习一些非常重要的技术来完成比赛。关节灵活性差会限制力量、速度和协调性的发挥，降低肌肉协调性，出汗并影响其他运动素质的发展，并且通常是肌肉和韧带损伤的原因。

一、柔韧性训练的基本方法

（一）静力拉伸练习法

静态拉伸运动被定义为通过缓慢运动使软组织（例如肌肉和韧带）拉伸到一定程度的运动，并且锻炼方法保持静态。这种方法的一个重要特点是它可以长时间刺激肌肉和肌腱的伸展。

进行静态拉伸运动时，肌肉和软组织都有一定程度的拉伸。保持静止的时间一般为8~10秒，重复次数为8~10次。伸展运动对肌肉和肌腱灵活性的发展有积极的影响，并且是培养弹性的主要方法。静态拉伸运动强度偏低，运动范围很大。这有助于保持身体的力量，并且可以轻松操作，不需要特殊的健身房和其他训练设备。

静态伸展运动有两种形式：主动伸展和被动伸展。主动拉伸法是指练习者主动进行所有练习的方法。常用的单项或多项练习、摆动或静止练习、负重和非负重练习，在各种条件下保持稳定姿势的静态练习。被动拉伸是一种使用外力（例如设备、辅助设备、重量等）的移动性锻炼。

（二）动力拉伸练习法

动态伸展运动法是指有节奏地、快速地将同一事物重复多次的伸展运动法。

动态拉伸运动法的主要特点是在主动拉伸中，肌肉力量变化的最大值约为静态拉伸的两倍。动态拉伸是其他方法之一。在练习弯曲和伸展运动等各种运动时使用，结合个人属性的挥杆练习和柔韧性练习。

动态伸展运动可以触发牵张反射。这可以改善运动区域肌肉群的伸展和收缩。动态拉伸可以增加运动过程中的血流量，改善肌肉、肌腱和其他局部组织的营养。这将有助于提高肌肉灵活性。

二、柔韧性训练的基本手段

（一）肩部柔韧练习

1. 压肩

腿站立，体前屈，两手扶同髋高的肋木或跳马，挺胸低头（或抬头），身体上半部上下振动。

背对横马，练习者仰卧在马上，另一人在后面扶着他的肩下压。要求把肩背部置于横马末端，压肩由轻到重。

体前屈，两手后面交叉握、翻腕，向上振动。要求两臂、两腿伸直，幅度由小到大。

2. 拉肩

背对肋木站立，两臂上举，两手握肋木，抬头挺胸向前拉肩。要求胸部前挺，肩放松，幅度由小到大。

面对低山羊做手倒立，另一人帮助前倒进行搬肩拉肩。要求手离山羊近一点，幅度由小到大。

3. 吊肩

肋木、单杠、吊环反吊悬垂。要求开始可吊起不动，然后加摆动作，肩放松拉开。

4. 转肩

单杠、吊环收腹举腿，两腿从两臂间穿过，落下后悬垂，又还原做正悬垂。要求后悬垂时沉肩放松到极限。

单杠悬垂，收腹举腿，两腿从两臂间穿地，落下成后悬垂，松一只手转体360°成悬垂。然后换另一只手做。要求转动时肩由被动转动到主动转动，由逆时针到顺时针进行转动。

利用体操棍、竹竿或绳子、橡皮带做转肩练习，随着灵活性提高，两手间握距逐步缩短，但要注意两臂同时转，不要先后转肩。要求肩放松，用主动练习和被动练习结合起来转肩。

（二）胸部柔韧练习

仰卧背屈伸。可自己独立做，也可一人压腿，运动员只抬上体。要求主动抬上体，挺胸。

虎伸腰。跪立，手臂前放于地上，胸向下压。要求主动伸臂，挺胸下压。

面对墙站立，两臂上举扶墙，尽量让胸贴墙，幅度由小到大。

背对鞍马头站立，身体后仰，要求充分伸臂，顶背拉肩，挺胸。

（三）腰部柔韧练习

1. 甩腰

运动员做体前屈和体后屈的甩腰动作。要求幅度由小到大，充分伸展背和腹肌。

2. 仰卧成桥

仰卧开始，两手反掌于肩后撑垫挺起胸腹，两臂伸直顶肩，拉开肩成桥。也可由同伴帮助,逐步过渡到独立进行。随着训练水平提高,手和脚的距离逐步缩小。

3. 体前屈

体前屈练习方法很多,这里介绍以下几种:

腿伸直并拢体前屈,两臂在两腿后抱拢,静止不动,停止一定时间。要求胸贴大腿。

坐垫子上,两腿伸直,同伴助力扶背下压。还可将两腿垫高,加大难度。要求下压一定时间后,再停留一定时间抱腿。

分腿站立体前屈,上体在两腿中间继续甩动。要求肘关节甚至头部应该向后伸出。

运动员坐垫子,两腿分开置于30～40厘米高长凳上,运动员钻入板凳下,教练员两手按其背下压。

运动员面对肋木坐下,臀部与肋木间垫实心球,两臂向上伸直握肋木,教练员在运动员背后半蹲,两手握运动员两足前摆。

（四）腿部柔韧练习

腿部柔韧训练,主要发展腿部前、侧、后的各组肌群伸展和迅速收缩的能力,以及髋关节的灵活性。

1. 压腿

压腿分正压、侧压和后压三个方向,将腿放一定高度进行练习。要求正压时髋正对腿部,侧压和后压将髋展开。

2. 开腿

开腿分正、侧、后三个方向,可由同伴把腿举起,加助力按。要求肌肉放松,不要主动对抗用力。

3. 踢腿

踢腿可扶把踢,也可行进中踢。常用踢腿方法有正、侧、后踢腿。还可采用两腿分别向异侧45°方向踢出的十字踢腿。

4. 踹腿

踹腿要领同正踢腿。踢左腿时,左腰要向异侧45°方向踢起,并自右经前至左划一弧形，到左侧时用右手击打脚面，踢右腿时同上法，相反方向也可做。要求每次踢腿时，膝关节一定要伸直。

5. 控腿

控腿按舞蹈基本功姿势，腿在三个方向上举，并控制在一定高度上。包括以下三种方式：

前控腿有两种方法，一种是直腿抬起的向前控腿，另一种是膝盖先抬起然后伸直控腿。

侧控腿要求上体正直，抬起的腿，髋关节必须展开，脚掌对准体侧，臀部不能向后突。

后控腿要求上体正直，后举腿的髋关节不能外旋，脚掌向上。

6. 弹腿

弹腿先将大腿向上提起控制不动，然后小腿迅速有力地前踢，伸直膝关节。

7. 劈叉

劈叉前后劈腿，同伴帮助压后大腿根部。左、右劈腿时应将两脚垫高，自己下压或由同伴扶髋关节下压。

（五）踝关节和足背练习

通过增加脚踝的柔韧性，可以提高跳跃能力。因为在小腿肌肉、比目鱼肌和足跟肌腱被拉伸后，肌肉会随着收缩而变得更强壮。脚背的柔韧性很好，不仅能增加肌肉收缩，还能让姿势看起来优雅。

操作者支撑肋骨。将前脚放在椅子的边缘。上下推动重量然后在脚踝的最高角度停顿片刻，以拉长肌肉和肌腱。

练习者跪在垫子上，用自己的体重推动脚尖。或者，脚趾可以抬起，使脚的顶部在空中，然后向下推以增加力量。

练习者坐在垫子上，将重物放在脚趾上以按压脚背。

靠墙站立可以实现手腕运动。来回推动重心，用左右手的手掌挤压左右手的四个手指。

第五节　灵敏训练

敏感性是指运动员在突然变化时迅速、协调和准确地采取行动的能力。它显示了运动员广泛的运动能力和运动素质。训练时的敏感度取决于力量、速度（反应速度、移动速度）、耐力、柔韧性、协调性、节奏性等素质和能力。这些素质和技能取决于神经系统的灵活性以及特定动作的储备数量。当运动员的身体素质在某个领域得到发展并且运动技能得到专业训练时，敏捷性可以得到充分的发展和提高。

相对于特定运动的敏感度分为一般敏捷性和特定敏捷性。一般敏捷性是指运动员进行各种动作的能力。在体育活动发生突然变化时快速、明智和准确。它是发展特定机动性的基础。特定敏捷性是指运动员执行各种动作的能力。通过基于一般流动性的专业能力和技术连贯性的反复训练，在特定运动中快速、精确和协调。

一、灵敏训练的基本要求

（一）训练手段应多样化并经常改变

灵敏度的发展与各种分析仪的改进密切相关。运动器官的功能，运动员可以显示精确的方向能力和时间以及在运动中准确快速移动的能力，这取决于分析设备的改进以及运动器官的功能。一旦运动员掌握了一定的运动技能到自动化水平，用运动来提高机动性是没有意义的。因此，使用不同且频繁变化的方法来提高灵敏度，可以提高各种分析仪的功能，有利于提高灵敏度。运动员的运动器官在具体训练过程中可以采用以下方法：

首先，使用各种交替运行速度。各种机动演习和突然启动。快速停止和所有类型的速度旋转练习。使运动员能够快速、准确、一致地进行所有类型的练习，以及跳跃练习。

第五章　田径运动体能训练实践

其次，多做练习。调整身体位置，特别设计的复杂动态练习，如使用运动器械进行更复杂的动作，使用躲避、曲折、穿梭等组合练习。

最后，各种追逐游戏改变方向和响应各种信号的游戏或练习。

（二）掌握大量运动技能并提高多种运动能力

只有掌握了动作技能后才能显示灵敏度。创建的运动技能的能量模式越多越好，机动性越强，动作越灵活。因此，需要反复练习。在训练期间，尽快创造条件反射和适当的力量计划，并练习各种运动技能，因为灵敏度是人体综合能力的表现。敏感性的发展必须从训练运动员的各种技能开始，在训练中广泛采用其他运动资格方法来提高敏感性，训练运动员控制动作的能力和技巧、反应能力、平衡技能等。7～13岁是培养敏捷性的最佳时机。所以我们要特别注意这个训练期。

（三）结合专项要求进行训练

敏感性具有专项化的特点。例如，体操运动员可以在特定练习中表现出极大的敏捷性和协调性。但它不能在球练习中进行。因此，应根据运动员的具体需要和特点，采用不同的训练方法进行训练，使训练结果与具体要求相对应。

（四）合理安排训练时间

在整个培训过程中，应系统地组织相应的敏感培训，练习时间不宜过长，并且练习的重复次数不宜过多。因为当身体疲劳时，运动员的力量水平会下降。速度变慢了，节奏感被打断了，平衡能力降低，这些条件都不利于敏捷性的发展。敏感训练通常在训练开始时进行，要让运动员拥有一个充满活力的健康身体和强烈的运动冲动。

（五）消除紧张的心理状态

应采用多种有效的敏捷训练方法，消除运动员的神经系统疾病和焦虑。因为当运动员精神紧张时，肌肉和其他运动器官的压力将不可避免地产生。这将导致反应迟钝和运动协调性降低。

二、灵敏训练的基本方法

敏感性反映身体的综合能力，受遗传因素影响较大，因此运动员在选择运动时应慎重。为了提高敏感度，许多运动技能应该从小就同时学习和练习。因为此时运动员的神经系统要比成年人灵活得多。在提高灵敏度的过程中什么有利于全面的敏捷性，教练员应该采用循序渐进的训练方法。还可以通过改变条件、设备和装备来增加工程运动的复杂性和难度。重点应放在训练和发展运动员熟练运动的能力上。

（一）器械练习法

器械练习法包括单人练习和双人练习两类。

1. 单人练习

单人练习包括各种形式的运球、传球、顶球、颠球、托球、追球、接球、多球练习、滚翻传接球练习、悬垂摆动、杠端转体跳下、翻越肋木、钻栏架、钻山羊以及各种专项球类练习和技巧、体操练习。

2. 双人练习

双人练习也包括多种形式的运球、传球、接球、抢球、抢断球，以及跳障碍球、踢过顶球接滚翻等练习。下面介绍五个动作。

扑球。两人一组，一人将球抛向另一人体侧使其利用侧垫步、交叉垫步或交叉步起跳向球扑去并接住球。

吊球。将球用绳子吊在空中，形状像钟摆，可高可低。用此球练习传接球等动作。练习时原地将球传向各方或跳起空中抢、打球均可。练习3组，每组持续20秒。

跳起踢球。两人间隔15米，正面相对。一人抛球至另一人前方或侧方，另一人迅速跳起准确踢球，交替练习。

俯卧传球。两人一组，一人俯卧垫上，利用手支撑和腰腹后屈，接抛向头上部球，并迅速传出。

接球滚翻。两人一组，一人坐在垫上，接不同方向、速度来球。向左、右两侧的球做接球侧滚动。接正面和后面的球做后滚翻。要求尽量加快动作速度。30秒为1组，练习3组。

（二）游戏法

灵敏训练的游戏方法很多，如各种应答性游戏、追逐性游戏、集体游戏等。下面介绍三种方法。

1. 打小鸟

把运动员分成3组，甲组站立在场地中间作被打击目标，乙、丙两组分别站在场地两端（相距15～20米），持排球、小沙袋等轻器械向甲组投射。甲组被击中下肢部位者下场。

2. 贴烧饼

先将运动员分成若干组，每组两人环形站立，另设两人一追一逃，逃者若背贴于某组内环第一名前面，则该组最后一名便成为逃者。如逃者被抓住则改为追者。

3. 传球逮人

由两人利用快速传球，靠近圆内的其他人，并用球触其身体任何部位，被触者即被逮住并立即加入逮人组，直至最后一人。要求传球逮人时不准走步，球不离手。

第六节　运动协调能力训练

"运动协调能力"一词在日常生活和体育方面的文献中被广泛使用。运动员的"柔韧"体能训练还包括运动协调能力的发展。但这种能力可以追溯到技术训练和水上作战训练。运动协调能力可以理解为：一是创造能力；二是完成动作，改变所发生的动作模式或从某种行为转移到另一种依赖的行为。大多数这些技能是相似的，但它也有自己的特点。例如，不难想象一个体操运动员可以学习新的复杂动作序列，但如果进步改变了一定的条件，他就无法高质量地展示出来。尤其是运动协调能力，是指各部位的能力。运动员的身体在时间和空间上协同工作，以合理有效的方式完成运动。也可以称为快速改变身体或部位运动方向的能力。运动协调能力是各种运动技能的综合。这包括力量、反应时间、运动速度、爆发力和协调性，表现在躲避、曲折、急停和启动等活动中。

当生理学表征协调能力时。主要作用是赋予中枢神经系统的协调功能等特性。巴甫洛夫称之为可塑性。毫无疑问，高质量协同操作的可能性取决于特定分析功能的完善程度。

运动协调能力分为一般协调能力和特殊协调能力。一般协调能力是指运动员进行一般练习的协调能力。而特殊协调能力是运动员在进行特定练习时所表现出的协调能力。

一、运动协调能力训练的基本方法

（一）综合练习法

综合锻炼法是指对影响运动协调能力发展的部分或全部动作进行操纵，以提高运动员协调运动能力的锻炼方法。大量练习可提高技术灵活性，提高运动质量并培养运动员的分析和判断能力。

各种技术动作与综合练习，可以有机混合，增加训练效果，提高和发展协调运动的能力。

（二）游戏法

游戏法以玩游戏的方式进行意味着使用充满活力的内容。各种风格和有趣的游戏形式来练习发展肌肉协调能力。

游戏法可以激发运动员训练的兴趣和比赛的感觉，使学徒能够以良好的心态进行练习，提高自觉的训练兴趣和积极性。

游戏法对移动的要求不那么严格，并且对运动员独立运用多种动作、动作的适应性和协调性的训练有积极的作用。

（三）导入法

导入法涉及影响运动协调技能的各种因素；在实践中，有针对性地、有计划地介绍一些手段，以进行主要练习。并通过引入和提高各影响因素的功能水平来提高各影响因素的功能水平。

导入法是一种有针对性、有层次、有针对性的训练方法，对提高运动协调能力的各种因素有积极影响。

二、运动协调能力训练的基本手段

（一）平衡走

方法：练习者站在跑道的内圈或外圈的水泥道沿上，两腿交替向前自然走步，两脚落点必须在道沿上。

作用：发展身体的协调动作能力。

要求：自然向前走，保持身体平衡。

（二）平衡侧交叉步走

方法：侧立于田径场的内或外圈水泥道沿上，右腿屈膝向左侧迈步，成侧立交叉步，随之左腿向左上步，与右腿并步，反复交替进行。

作用：提高协调身体动作的能力。

要求：两脚平行站立，逐渐加快步速。

（三）小垫步走

方法：两脚前后站于跑道的内侧或外侧道沿上，右腿在前站立并向前上一步，随之左腿在后垫一小步;左腿向前上一步，右腿在后随之小垫步走，两腿交替前进。

作用：发展身体灵活性及协调能力。

要求：眼平视前方，保持身体平衡。

（四）双脚小跳步走

方法：身体侧向，两脚平行站于跑道的内侧或外侧道沿上，双脚同时蹬地跳起并向左（右）侧小跳步，沿道沿不断前进。转换方向小跳步走。

作用：发展动作的灵活性和协调身体姿势的能力。

要求：双臂配合协调并保持身体平衡。

（五）高抬腿走

方法：两脚前后站于跑道内侧或外侧的道沿上，左腿直立，右腿屈膝高抬，两臂屈肘前后摆出。右腿下落直立提踵，随之左腿屈膝高抬，两臂前后摆动，持续走一定距离。

作用：发展动作协调能力。

要求：高抬腿，高重心，保持身体平衡。

（六）小步跑

方法：两脚前后开立站于障碍架或跑道内（外）侧的道沿上，成站立式起跑姿势。听信号后，小步向前跑动，跑一定距离。

作用：发展身体协调能力和准确性。

要求：上体保持前倾，小步快跑并保持平衡。

（七）开腿跳

方法：双脚平行并拢站立于障碍架或跑道内（外）侧的道沿上，双手叉腰，双脚蹬地跳起后分腿、落地，然后又还原成预备姿势的双脚并拢，反复跳。

作用：发展身体平衡灵活能力，提高协调能力。

要求：分腿后脚落地间距与肩同宽或稍宽于肩，保持平衡。

（八）单足侧跳

方法：单足侧向站于跑道内侧或外侧的道沿上，另一腿屈膝。单足蹬地后向左或右侧横跳一小步，跳一定的距离。

作用：发展身体动作的灵活性和协调能力。

要求：保持身体平衡，双臂协调摆动。

（九）手倒立走

方法：在草坪或平坦场地上手倒立起，两手交替向前走动，走一定距离或在同伴的帮助下手倒立走一定距离。

作用：发展身体动作的准确性和灵巧性。

要求：向前换手时，重心置于支撑臂上。

第六章
田径运动训练理论发展与文化传承

田径运动训练理论随着实践的发展而发展，同时，田径运动作为一种文化，人们时常提及，传承田径运动文化，把田径运动这个竞技王者项目发展起来，在理论认识和文化传播方面都要加强。本章即对田径运动训练理论发展与文化传承进行简要论述。

第一节　田径运动训练新理念

一、传统训练理论

传统的训练理论，也就是我们少数体校教练员还在执行的训练理论，是20世纪五六十年代由苏联传到中国的。其训练理论与方法，尤其是马特维也夫提出的训练分期理论，对我国的训练学影响很大。所以，我们把传统训练理论又叫作传统的分期训练理论。马特维也夫是训练学的"鼻祖"，据了解，现在的马特维也夫训练理论已经有了很多新的发展，如马特维也夫1993年写的《竞技训练理论》，较之传统的训练理论有了很大的发展。

20世纪50～60年代，苏联的训练理论与方法传入中国，包括田径和其他体能类、技术类项目，影响很深远。传统的训练分期理论是把一年分成3个时期，即准备期、比赛期、调整过渡期。在准备期开始时，准备期中间的训练量和强度增加了约40%，训练量达到最大水平，然后开始减少。随着训练量的减少，训练强度逐渐增加。参加比赛时将训练量减至最低，训练强度接近或达到竞技强度水平。比赛结束后，训练强度和训练量减少，进入调整的过渡期。这是传统的常年培训管理理论的总体安排。我们的培训师非常熟悉这种传统的分期理论。1960年代以后，这一理论极大地推动了全世界竞技体育的实践。但随着训练理论的不断发展，这种理论已不再适合发展实践。因此，现代训练理论认为这个过程是使运动员适应训练负荷的过程。这是现代培训理念创新的根本出发点。

二、训练新理念

(一)人的适应性过程

1. 刺激适应性

多次刺激产生适应性。例如冬泳,南方人没有经过训练,一般不敢在冰水中游泳,而北方的一些冬泳爱好者经常冬泳,他们在零下十几度时砸开冰面就下去冬泳,这是因为多年的冬泳运动对冷水有了适应性。

适应性的过程是自组织的。自组织意思就是自动的,自发的。冬泳爱好者下到冷水中,身体自己发热抵抗寒冷,供能系统在自主动员,不需要别人提醒,也不是自己的主观意识所能够控制的。

长时间多次接受某种刺激,人体就会从有反应到产生适应性,再从适应性到形成适应性结构。以冬泳为例,经常进行冬游训练后,对冬泳就非常适应了,这种完全适应的状态称为稳定的状态。达到稳定状态,人的适应性能力将发生重大的变化,形成适应性结构,这种适应性结构就是我们想通过训练去达到的目标。

2. 生物适应性规律

有计划的训练应该为运动员提供持续的训练动力。这种负荷的主要组成部分是运动的量和强度。训练计划的主要内容是什么?给运动员计划好的动力。使运动员的神经和肌肉能独立反应。这种压力刺激反复多次,让运动员逐渐适应。如果在较长时间内多次刺激此负载,则会创建一个适应性强且稳定的结构。这种适应性强且稳定的结构很重要,决定了它的功能。当教练在训练过程中让球员适应实际战斗所需的运动负荷时。如果常规训练没有提供这样的训练内容或者没有足够的时间练习,这种情况就不会形成牢固的结构。❶

训练后运动员对负荷刺激的反应情况。如果我们固定一个运动量,在训练中实施的训练强度只有25%,那么运动员的神经肌肉系统就产生25%的

---

❶ 杜和平,葛幸幸. 田径运动专项理论与实践[M]. 北京:中国科学技术出版社,2019.

相应反应，形成浅灰色的板块；如果你给他的负荷刺激强度是50%，就会产生50%的相应反应，就会形成中灰色的适应性板块；如果你给他75%的刺激强度，就形成与75%的刺激强度相适应的深灰色的板块；但如果按运动员现有水平的100%的强度进行刺激，他就会在100%模块上进行适应，这是生物适应的基本特性，即给什么刺激产生什么反应。

　　生物适应法则定义了我们在培训过程中的基本要求：按规律安排训练还是不按规律安排训练会产生两种相反的结果。一个结果是根据适应性规则，尽可能提供实战强度或高于实战强度的训练。运动员将继续适应这种强度。通过进行个体适应性改变，创造出相当于或高于实战强度的水平，兼容神经肌肉适应性结构，我们所说的训练强度不仅仅是专门的训练，它也包括特定的体能训练和一般的体能训练。例如，一名运动员可以在12秒内举起100千克或100米的重量，这是他或她的100%特长。如果将训练置于运动员的最大能力附近或略高于他/她的最大能力来确定锻炼强度。他的所有神经肌肉能力都会继续适应这种高强度，运动员会越来越觉得要维持一段时间的训练强度。越放松，整体训练水平就越好。因此，我们要求教练员在训练期间为运动员提供适度的训练。但训练强度应增加到当前水平，总运动强度不应低于当前水平。人类的反应会自行组织起来。如果教练经常因为强度与他当前能力不匹配而要求运动员达到当前强度水平的85%，那么人类神经系统只有当前水平的85%。如果长时间坚持练习，它会调整到85%。它将在该级别创建一个自适应结构。

　　按照传统的训练节奏，冬季训练涉及很多动作，但没有高度集中，竞技阶段会有高强度间隔。即一两次培训课程达到了我们的预期水平，这种训练模式通常不会在竞技水平上进行，为什么呢？主要原因是高强度训练时间太短，比赛期间间隔时间短。这种量变不会引起质变，并且不可能有一个稳定的竞争状态结构，在比赛前的短时间内增加强度为时已晚，因为人类生物适应的变化需要时间，并且必须经过多次刺激才能建立牢固的结构。因此不可能取得稳定的结果。有些人认为，由于我们的一些活动的实践，仍然使用传统的培训方式，所以只有两个月以上的练习才让比赛生效。而其他时间的训练往往会因为注意力不集中而无效，如果长时间保持高强度和累积刺激，这种压力刺激会导致整个神经系统和肌肉发生适应性变化。这个高度适应性的平台是通过重复刺激构建的。持续刺激，锻炼时间越长，聚会越强，比赛的时候能展现出高水准。这就是孙海平和刘翔的训练方法。

对于传统的大容量、低强度的训练模式，孙海平在还是运动员时就看到了自己训练经历的伤害。他认为，这种训练方式有5大弊端：一是造成肌肉和神经疲劳，二是不能成为特殊训练的有效动力。三是不利于形成稳定的竞争状态。四是不利于提高专项活动水平。五是容易造成伤害。

（二）现代训练理念——高强度负荷训练法

从传统的高强度、低强度训练到高强度训练模式。这种训练模式被称为高强度负荷训练法。这种训练模式有以下几个要点。

特定或专门的健身训练课程的内容应该相当统一，不能太窄，但也不能太多样化。强度较低的训练和刺激方法会导致神经肌肉适应性反应变得分散和混乱。

专项体能训练必须与实战相结合。非常重要必须强调的是，特定健身动作的设计尽可能与特定动作保持一致。我们应该充分认识到，体能锻炼既是一种训练方法，也是一种训练方法。一方面是训练质量，另一方面是训练技巧。比如刘翔训练中一石二鸟，是许多特殊的训练方法相结合。他经常训练右腿模仿障碍物，孙海平在他身后贴着右脚踝，引入标准障碍。而刘翔则站在屏障后面，以克服10个障碍（一场比赛10个障碍）为标准进行练习。这个练习是阻力练习，然后撕下胶带，快速摆动标准动作10次。这两个练习都用作带有训练内容的集合。之前的阻力跨栏练习训练了跨栏的额外力量。但是速度肯定会比普通栏的速度慢。于是孙海平让刘翔脱下胶带，再高速练习10次，找回速度的感觉。这个例子告诉我们训练要有训练技巧，必须与实战相结合。

一个相对恒定的刺激应该有足够的重复时间和持续时间。传统的分层培训不包括高平台培训，并且训练强度与实际比赛的要求也不同。训练时间很短，而且比赛的强度在比赛前一个月就已经逼近了。如此短暂的竞争激烈程度并不能创造稳定的竞争条件。最重要的是高强度重复次数不够，持续时间不够。更大的问题是，我们的大部分教练都不知道他们应该维护一个高水平的训练平台，在大型赛事之后人为降低训练水平，在低水平上一遍又一遍地重复。这是对我国体育水平的巨大误解。我们现在正在支持高强度的训练，以建立坚实的力量形象。

运动刺激也有大、中、小三种安排。大是指适应实战需要的训练，应该是所有训练的首要方向。并且中小型负载可容纳大负载。大、中、小的排列代表了一种节奏。大球必须刻苦训练。年幼的孩子必须决定调整。一般要求是有效载荷不得低于运动员在指定时间内的水平。

第二节 田径运动项目文化新发展

一、竞技体育领域

要不断完善市场经济条件下的"举国体制"，发挥"举国体制"的优势。为培养在奥运会上争光的运动员做制度上的准备；继续完善运动员培养办法，为运动员的选拔、培训、交流和退役安置做方法上的保障；加大对田径项目的投入，改善训练条件，为运动员科学训练提供坚实的物质基础；通过"请进来，走出去"等多种方法，提高教练员执教水平，加强科学训练指导作用。

二、学校体育领域

各级教育部门要加强田径运动的宣传，深刻理解田径运动的功能，强化田径运动在提高青少年身体素质中的地位。教材内容必须体现基础、健身、时尚、渐进。并将体育活动与学生喜爱和容易接受的丰富体育内容相结合。教学方法应充分体现兴趣、娱乐、诚信、包容、多样性、灵活性等特点，激发学生对田径运动的热爱。考试和评估不能再以运动成绩或技术水平作为唯一的评估标准。有必要开发一个综合评估系统，整合学生的学习过程。根据升学期和期末考试，以及针对不同学生群体的统一成绩标准，使得评分体系更加科学、合理、人性化。田径运动教学目标的改革是一个突破。教学方法和教学方法的改革是核心。以改革课程和考核方式为龙头，改革教学目标、教学内容、教学方法、教学方法、运动训练、教练环节考核评价和教材方法和措施，全面改革教学队伍建设发展，提高田径类课程的整体教学质量。❶

三、大众健身领域和体育产业领域

拓展项目的边界，发挥在大众健身中的作用，积极推动大众可接受的田径运动。特别是在马拉松运动和各种跑团活动爆发式增长的时候，要出台相关的鼓励政策，保护跑友的积极性，引导他们正确健身。继续运用多种手段提高田径运动市场运作水平，寻求和媒体长期合作的机会，积极推进田径品牌赛事，拓宽思路，发挥人才培训市场的作用。

四、体育院校领域

体育教育专业田径教学中，教师要改变教学内容，调整课程结构，促进学生勇于创新。

第一，教师要转变观念，促进田径教学内容变化，以满足当今社会对毕业生的多元化需求。学生接受的田径课要以满足就业为核心，发展田径健身思想为理念。单纯以技术、运动成绩为主的教学指导思想，为学生留下的可发挥、可拓展、可思考的空间有限。同时，技术学习的特点会不同程度地导致学生有"体力支出大、智力收获小"的缺憾。因此，田径教学应重新确立自己的思路，提高学生的创造思维能力，以适应日后的需求。

---

❶ 杨丹. 田径运动文化探索与实践[M]. 沈阳：辽宁大学出版社，2017.

第二，积极调整田径课程结构，形成符合社会发展需要的新结构。田径教学适应性结构的调整要围绕培养目标，使社会需求与学生就业的岗位相一致。田径教学内容性结构的调整要围绕学生就业后的工作与日后的发展需要相一致。两种结构的比重应有科学的分析，应有社会实际需要的调查和考证，应有前瞻性判断。

第三，鼓励教师勇于实践。提出问题的最终目的是要解决问题。反复探究、确定思路、拿出方案，依靠实践是解决问题的最好办法。我们的改革不仅会影响到对学生的培养，更重要的是通过他们对田径改革成果的接受到今后的扩散和再发展，引导整个社会对田径运动的全面认识和重视，推动田径运动全面发展是我们田径人的责任。

参考文献

[1] 陈波. 田径耐力性项目优秀运动员训练负荷监控[M]. 北京：北京体育大学出版社，2008.

[2] 陈吉棣. 运动营养学[M]. 北京：北京医科大学出版社，2002.

[3] 陈晋. 田径运动理论与实践研究[M]. 北京：北京体育大学出版社，2014.

[4] 单颖. 田径技巧[M]. 北京：中国社会出版社，2006.

[5] 邓树勋，王健，乔德才. 运动生理学[M]. 北京：高等教育出版社，2005.

[6] 范秦海，刘建国. 田径运动（第2版）[M]. 北京：高等教育出版社，2010.

[7] 过江平. 田径运动训练理论与方法[M]. 北京：高等教育出版社，2000.

[8] 敬龙军. 中国竞走运动员训练内容体系研究[M]. 北京：北京理工大学出版社，2013.

[9] 李鸿江，徐向军. 青少年田径训练科学化：各年龄段训练方法与手段案例[M]. 北京：北京体育大学出版社，2011.

[10] 李鸿江. 田径运动高级教程[M]. 北京：高等教育出版社，2010.

[11] 李鸿江. 跳远：田径教学训练实用丛书[M]. 北京：人民体育出版社，1997.

[12] 李老民. 田径运动科学探究[M]. 北京：北京体育大学出版社，2003.

[13] 李力研. 竞技运动新论[M]. 北京：人民体育出版社，1992.

[14] 李萍美. 现代体能训练理论与方法[M]. 北京：原子能出版社，2009.

[15] 刘福林. 体育游戏[M]. 北京：北京体育大学出版社，2009.

[16] 刘建国. 田径[M]. 北京：高等教育出版社，2006.

[17] 刘金风. 田径教学与训练[M]. 成都：西南交通大学出版社，2014.

[18] 刘黎明，苏萍. 田径运动竞技与健身[M]. 西安：西安地图出版社，2008.

[19] 刘生杰. 田径运动教程[M]. 北京：北京体育大学出版社，2012.

[20] 刘同员. 体育健身学[M]. 北京：人民体育出版社，2006.

[21] 马良，柴志铭，张宝文. 现代田径运动竞技与健身[M]. 北京：中国商务出版社，2007.

[22] 毛振明，董文梅. 体育学理之探究：关于运动技能教学的原理研究[M]. 北京：北京体育大学出版社，2011.

[23] 毛振明，于素梅. 体育教学方法选用技巧与案例[M]. 北京：北京师范大学出版社，2009.

[24] 毛振明，于素梅. 体育学法论[M]. 北京：北京师范大学出版社，2009.

[25] 孟刚. 田径[M]. 北京：北京师范大学出版社，2008.

[26] 孙南，熊西北，张英波. 现代田径训练高级教程[M]. 北京：北京体育大学出版社，2011.

[27] 孙南. 现代田径训练高级教程[M]. 北京：北京体育大学出版社，2011.

[28] 孙文新. 现代体能训练：核心力量训练方法[M]. 北京：北京体育大学出版社.2010.

[29] 田麦久. 运动训练学[M]. 北京：人民体育出版社，2003.

[30] 王林. 竞走：现代竞走技术与训练[M]. 北京：北京体育大学出版社，2010.

[31] 王平. 现代田径运动竞训发展探究[M]. 长春：东北师范大学出版社，2015.

[32] 王向宏. 体能训练理论与方法[M]. 北京：北京航空航天大学出版社，2010.

[33] 王晓刚. 田径专项体能训练理论与方法（高校体育）[M]. 北京：中国书籍出版社，2014.

[34] 文超. 田径运动高级教程（第三版）[M]. 北京：人民体育出版社，2013.

[35] 文超. 中国田径运动史[M]. 广州：华南理工大学出版社，2014.

[36] 于建兰，等. 田径运动竞技与健身[M]. 哈尔滨：东北林业大学出版社，2008.

[37] 于少勇，赵志明. 基础体能训练[M]. 北京：原子能出版社，2008.

[38] 于振峰，赵宗跃，孟刚.体育游戏（第2版）[M].北京：高等教育出版社，2007.

[39] 詹建国.跨栏跑：现代跨栏跑技术与训练[M].北京：北京体育大学出版社，2004.

[40] 张贵敏.现代田径运动教学与训练[M].北京：人民体育出版社，2005.

[41] 张英波.推铅球：现代投掷技术与训练[M].北京：北京体育大学出版社，2003.

[42] 张英波.现代田径运动训练方法[M].北京：北京体育大学出版社，2005.

[43] 张英波.掷铁饼：现代投掷技术与训练[M].北京：北京体育大学出版社，2003.

[44] 周兵.田径健身教程[M].北京：高等教育出版社，2001.